Annette Gröbly • Andrea Syz

KREATIVE KINDER

MIT 55 IDEEN ZUM FREIEN GESTALTEN

at VERLAG

INHALTSVERZEICHNIS

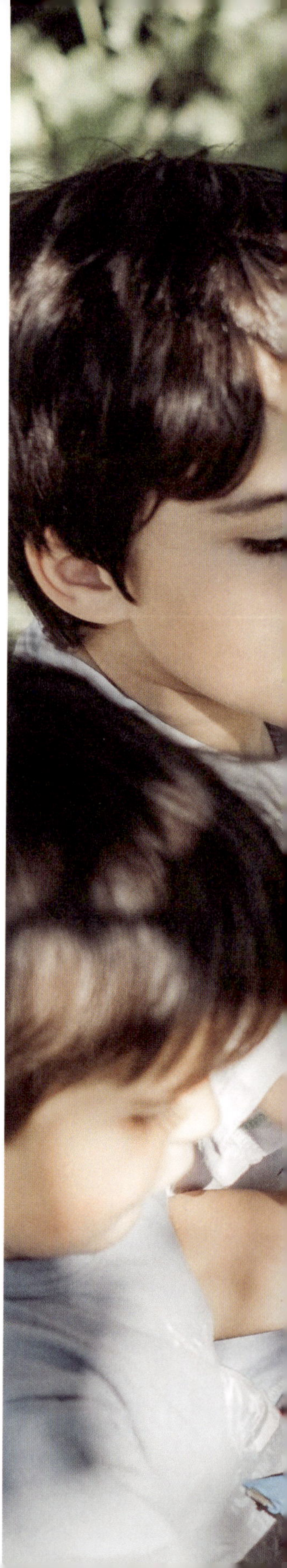

VORWORT

Kinder sind kleine Entdeckerinnen und Künstler! Wir alle sind von Natur aus mit einer ursprünglichen Kreativität und Neugier ausgestattet, die uns in unserer Entwicklung und im Erkunden der Welt prägen.

Wer seine Kreativität übt und pflegt, findet schneller neue und unkonventionelle Lösungen. Die dadurch angeeigneten Kompetenzen wie komplexes Denken und flexibles Handeln lassen sich einfach ins tägliche Leben übertragen. Dieses Buch zeigt dir, wie du Kinder dabei begleiten und unterstützen kannst und wie du sie zum Kreativsein ermutigst.

Wir beschreiben sechs Grundpfeiler der Kreativitätsförderung und stellen zu jedem Thema Informationen, Anregungen und Tipps für die einfache Umsetzung im Alltag zur Verfügung. Außerdem kannst du dich von 55 Ideen zum freien Gestalten und zahlreichen weiteren kreativen Impulsen inspirieren lassen.

Beim freien Gestalten steht das Tun im Vordergrund und nicht das fertige Produkt. Es gibt kein Richtig oder Falsch. Eltern, Großeltern, Tanten, Paten oder andere nahe Bezugspersonen werden zu Beobachterinnen und Vermittlern und überlassen den Kindern das Feld für eigene Ideen und Experimente.

Denke immer wieder daran: Kreativität wächst durch Wiederholung und Freude.

In diesem Sinne wünschen wir euch ganz viele gemeinsame kreative Stunden mit zahlreichen Glücksmomenten.

Annette und Andrea

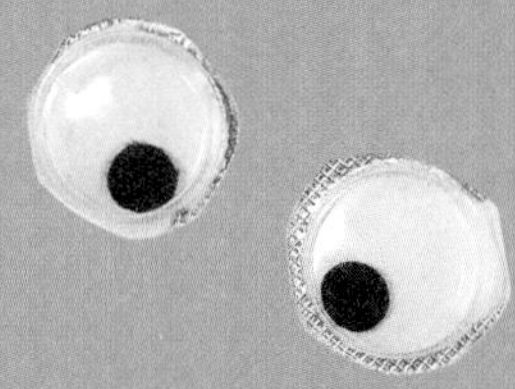

Wer schaut da aus dem Buch?
Zeichnet das Wesen, das euch auf
eurer kreativen Reise begleitet.

EINLEITUNG

Weshalb lohnt es sich, die Kreativität von Kindern zu fördern?

Kreativität ist ein wichtiges Kapital, denn kreatives Denken und Handeln braucht der Mensch nicht nur beim Basteln und Malen. Auch im Alltag ist Kreativität essenziell.

Je komplizierter, vielfältiger und vernetzter unsere Welt wird, umso mehr braucht es Menschen, die sich mit innovativen Ideen und unkonventionellen Lösungen auseinandersetzen.

Die zunehmende Unvorhersehbarkeit fordert neue Erfindungen. Die Welt braucht Tüftlerinnen und Forscher mit großem Einfallsreichtum, denn sie haben viele Möglichkeiten, auf eine komplexe Situation zu reagieren.

KREATIVITÄT IST EINE SCHLÜSSELKOMPETENZ DER ZUKUNFT

- Durch Kreativität finden Kinder Zugang zu ihren inneren Bildern und ihrer Gefühlswelt.
- Kreativität ist eine eigenständige Ausdrucksform. Sie gibt den Kindern die Möglichkeit, sich gestalterisch zu äußern.
- Kreativen Kindern fällt es in unserer komplizierten, schnelllebigen Zeit einfacher, Probleme als Herausforderungen anzunehmen und eigene Lösungen für ihr Leben zu finden.
- Mehr eigenständig gelebte Kreativität erhöht die Resilienz bei Kindern und stärkt ihr Selbstwertgefühl.
- Kreative Kinder erleben durch ihren Schaffensprozess Glücksgefühle und Freude.
- Kreative Kinder lernen, sich auf etwas einzulassen, sich in ein Thema zu vertiefen und sich zu konzentrieren.
- Durch das kreative Schaffen machen Kinder sinnliche Erfahrungen und schulen die Feinmotorik.
- Das analoge, manuelle Gestalten ist ein wichtiger Ausgleich zum kopflastigen Schulalltag.

Es lohnt sich also, die Entfaltung des kreativen Potenzials schon im frühen Alter zu fördern. Dadurch erwerben Kinder Problemlösungskompetenzen, die ihnen in schulischen und später auch in beruflichen Belangen weiterhelfen.

ES GIBT VERSCHIEDENE HERANGEHENSWEISEN, UM MIT KINDERN KREATIV TÄTIG ZU SEIN

Gestalten nach Anleitung oder Vorlage

Basteln nach Anleitung bietet einen leichten Einstieg in die kreative Welt, um erste Erfahrungen zu machen und ein ansprechendes Endergebnis zu kreieren.

Freies Gestalten

Beim freien Gestalten wird eine eigene Idee entwickelt, der Ausgang ist offen, das Resultat ist nicht definiert. Die Kinder müssen zuerst entdecken, was entsteht. Oft geht es dabei nicht um ein ästhetisches Werk, sondern um einen Gedanken, der den Kindern am Herzen liegt, oder eine Sache, die sie erforschen möchten. Diese Neuentdeckungen sind kreativ wertvoll und beglückend.

Beide Methoden haben ihre Berechtigung und fördern unterschiedliche Kompetenzen.

Gestalten mit einer Vorlage

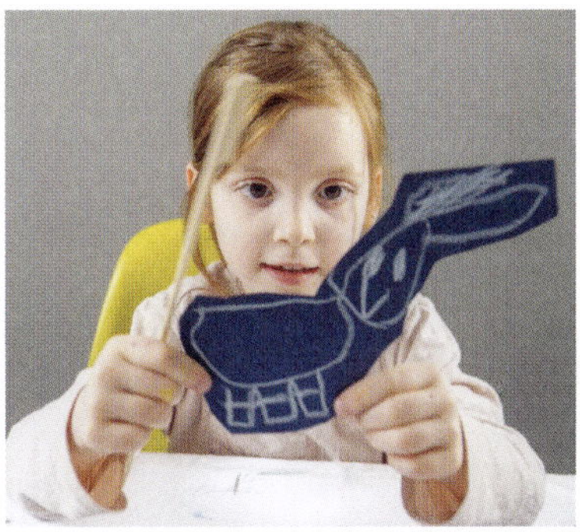

Freies Gestalten eines Tieres

DU FOLGST EINER ANLEITUNG ODER VORLAGE BEIM BASTELN

Dies führt kurzfristig zu einem geplanten Resultat und ist somit sinnvoll, wenn ein bestimmtes Produkt benötigt wird, zum Beispiel ein Geburtstagsgeschenk oder eine Weihnachtsdekoration.

Anleitungen und Vorlagen können Kindern und ihren Bezugspersonen helfen, Hürden beim Gestalten abzubauen. Das kreative Handeln verläuft in einem vorgegebenen Rahmen.

Du kannst dabei mit den Kindern aber auch einen Schritt weitergehen und von den Vorgaben abweichen: Nehmt eine Vorlage und passt sie euren Bedürfnissen an. Klebt andere Elemente auf ein vorhandenes Ausmalbild oder ändert eine Bastelanleitung ab, indem ihr andere Materialien verwendet.

Auf Seite 148 findest du ein Beispiel für das Basteln nach Anleitung. Vielleicht ist es das Einstiegsprojekt für dich und deine Kinder, Enkel- oder Patenkinder, Nichten oder Neffen, und ihr könnt das Buchzeichen anschließend sogleich verwenden.

DU REGST KINDER AN, FREI ZU EXPERIMENTIEREN, ZU ENTDECKEN UND NICHT EIN VON AUSSEN BESTIMMTES PRODUKT HERZUSTELLEN

Dieser zweite Weg braucht mehr Zeit. Er ermöglicht es den Kindern aber, vielfältigere Erfahrungen zu machen, eigenständige Ergebnisse hervorzubringen und die bereits erwähnten Problemlösungskompetenzen zu entwickeln, die sie dann auch in anderen Lebensbereichen anwenden können.

Bei dieser »Prozesskunst-Erfahrung« liegt der Fokus auf dem Schaffensprozess und nicht auf dem Endergebnis.

Es gibt keinen Druck, keine Perfektion, keine Vorgaben. Die Kinder dürfen und sollen sich frei ausdrücken. Du selbst brauchst dazu nicht »kreativ« zu sein. Es reicht, wenn du ihnen einen anregenden Rahmen und ein paar Materialien zur Verfügung stellst, um ihre Einfälle zu fördern. Wie du die Kinder dabei begleiten kannst, zeigen wir dir auf den nächsten Seiten.

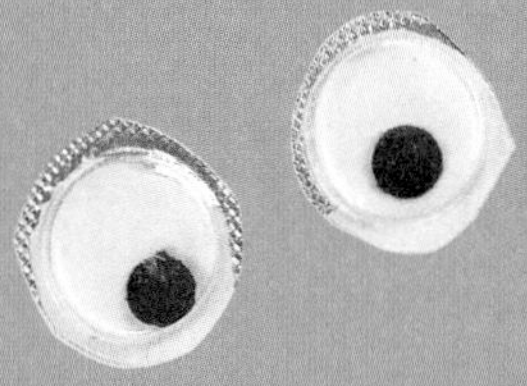

Was die zwei wohl besprechen?
Zeichnet Sprechblasen
und erfindet ein Gespräch.

GRUNDPFEILER DER KREATIVITÄTS-FÖRDERUNG

Was kannst du tun, um Kinder in ihrer Kreativität zu fördern?
Für einen freien Schaffensprozess brauchen Kinder eine klare Struktur und eine aufmerksame Begleitperson.

Folgende sechs Grundpfeiler sind Türöffner zur Kreativität der Kinder:

- Raum und Ort
- Zeit und Freiraum
- Geeignetes Material
- Anregungen und kreative Impulse
- Begleitung und Wertschätzung
- Achtsamkeit mit allen Sinnen

Wir erläutern diese Grundpfeiler in den nächsten Kapiteln einzeln und geben dir für jeden davon praktische Tipps und Hinweise zur Umsetzung.

RAUM UND ORT

RAUM UND ORT

Die meisten Kinder malen und gestalten von sich aus gern. Sie setzen sich an Ort und Stelle auf den Boden oder an den nächstgelegenen Tisch und legen los. Doch nicht jede Stelle in der Wohnung ist dafür geeignet. Kinder brauchen einen Ort, an dem sie sich gestalterisch ausdrücken und ihre Ideen ausprobieren können. Es ist deshalb hilfreich, wenn sie im Alltag einen festen Platz zur Verfügung haben, wo sie ungestört kreativ sein können und Raum haben, um neue Ideen zu erforschen und sich mit Materialien auseinanderzusetzen.

Es muss nicht immer sitzend sein

Für das Basteln und Gestalten müssen die Kinder nicht zwingend an einem Tisch sitzen. Eine Staffelei oder eine Malwand beispielsweise ermöglichen es ihnen, großformatig zu arbeiten und auch beim Malen in Bewegung zu bleiben.

Unabhängig vom Ort ist es gerade für kleine Kinder wichtig, dass die Eltern oder eine nahe Bezugsperson in der Nähe sind (Urvertrauen).

THE

MIT DEN KINDERN DIE WICHTIGSTEN VEREIN-BARUNGEN SCHON VOR DEM START TREFFEN

Für kreative Aktivitäten in den eigenen vier Wänden braucht es eine gewisse Toleranz und klare Regeln. Folgende Vereinbarungen erachten wir als hilfreich:

- Das »künstlerische Chaos« darf nicht über die Grenzen des dafür vorgesehenen Ortes hinausgehen.
- Die Leim- und Filzstiftdeckel müssen nach jeder Bastelsequenz (gemeinsam oder allein) geschlossen werden, damit das Material nicht austrocknet.
- Abfallmaterial gehört in den Papierkorb, der extra dafür in der Nähe steht.
- Wenn ein Projekt abgeschlossen ist, wird aufgeräumt und Ordnung geschaffen. Denn eine leere Fläche motiviert wieder dazu, Neues zu gestalten.
- Nicht alle Werke können aufbewahrt werden. Zwischendurch wird gemeinsam aussortiert.

Beim Sortieren der Werke kannst du fragen: »Welches Werk ist dir wichtig?« oder »Welches möchtest du behalten?«

PRAKTISCHE TIPPS ZUR UMSETZUNG BEI DIR ZU HAUSE

- Bereite in einer Ecke deiner Wohnung, deines Hauses, des Dachbodens, der Garage oder auch des Gartenhäuschens einen Kindertisch oder eine Kreativzone vor.
- Stelle sicher, dass viel Tageslicht oder eine gute Lichtquelle vorhanden ist. Ein heller Arbeitsplatz ist motivierend, augenfreundlich und fördert die Aufmerksamkeit.
- Richte an diesem Ort einen Grundstock an Basismaterial wie Papier, Stifte, Klebemittel und eine altersgerechte Schere ein. Es ist wichtig, dass alles vor Ort ist, damit die Kinder jederzeit loslegen können. Eine Liste mit geeignetem Basismaterial findest du auf Seite 50.

- Vermeide laute Musik, einen laufenden Fernseher oder Ablenkungen am Computer. Es ist viel schwieriger, sich in sein Werk zu vertiefen, wenn anderweitige Aktivitäten im selben Raum stattfinden. Damit sich die Kinder auf den Gestaltungsprozess einlassen können, sollte der Ort ruhig und ablenkungsfrei sein.

- Lasse die entstehenden Werke oder Zwischenergebnisse auf dem Tisch liegen, sodass die Kinder bei der nächsten Gelegenheit daran weiterarbeiten können. So haben die Kinder eher Lust, auch von sich aus wieder kreativ tätig zu werden.

- Für den Schaffensprozess ist es außerdem förderlich, wenn der Basteltisch oder die Kreativecke nicht nach jeder Gestaltungssequenz vollständig aufgeräumt werden muss.

Ein solches Rollmöbel mit dem nötigsten Bastelmaterial ist super, wenn der Platz beschränkt ist.

SCHUTZ VOR SCHMUTZ

Damit die Kinder nicht in ihrem Schaffensprozess gestört werden, ist es wichtig, dass sie nicht zu stark Rücksicht auf Verschmutzungen nehmen müssen.

Eine Schürze, ein altes Hemd oder ein ausgemusterter Pullover schützen die Kinderkleider vor Farbklecksen oder Leimspuren.

Falls die Kinder mit Wasserfarben oder Ton arbeiten, ist es hilfreich, wenn stets ein feuchter Wischlappen griffbereit ist.

Oftmals vergessen sich die Kinder beim Gestalten: Sie malen oder kleben über den Rand des Blattes hinaus oder benutzen Alltagsgegenstände, die sie in der Nähe finden, auch gern für ihre Kunstwerke. Da kann es sinnvoll sein, bereits im Voraus den Boden mit einem alten Teppich oder die Wände mit Malerpapier abzudecken. Als Schutz für die Arbeitsfläche ist ein abwischbares Plastiktischtuch die beste Lösung. Zeitungen als Unterlage sind weniger geeignet, denn sie weichen durch flüssige Farbe und Wasser schnell auf, und die Flecken dringen durch.

Kreuzschlitz- Schraubenzieher
80

DAS KREATIVE SCHAFFEN MUSS NICHT BEI DIR ZU HAUSE GESCHEHEN

Die kreative Entfaltung muss nicht unbedingt bei dir zu Hause stattfinden. Wenn du nicht viel Platz hast, nicht mit genügend Material ausgestattet bist, dir die Zeit oder Muße fehlt oder deine Einrichtung zu heikel ist, gibt es ein großes Angebot von externen Möglichkeiten.

Du kannst mit den Kindern zum Beispiel in ein Malatelier, eine Holzwerkstatt, eine Töpferei oder ein Freizeitzentrum gehen.

Dort werden die Kinder von Fachpersonen angeleitet und kommen auf ganz neue und andere Projektideen. Zudem haben sie die Möglichkeit, neue Materialien und Techniken kennenzulernen und auszuprobieren, die zu Hause nicht vorhanden oder möglich sind.

DENKANSTOSS

Auch Außenräume wie beispielsweise ein Garten, der Wald oder eine Wiese eignen sich sehr gut für das kreative Gestalten. An diesen Orten könnt ihr mit Naturmaterialien basteln oder mit ungiftigen Farben malen.

ZEIT UND FREI RAUM

Summer

ZEIT UND FREIRAUM

GENÜGEND ZEIT

Kreative Zeit mit Kindern sollte bewusst eingeplant werden. Es ist wichtig, dass du ein Zeitfenster speziell für musische Tätigkeiten reservierst. Zeitdruck behindert die Kinder bei der Entfaltung ihrer Kreativität. Im Idealfall bist du zeitlich flexibel und kannst situativ auf ihre spontane Gestaltungsfreude eingehen.

Das Wort »Freizeit« sagt es schon: Es ist wertvoll, freie Zeit zum Verweilen zu haben, um inspirierende Beobachtungen machen zu können. Da dies im Alltag nicht immer möglich ist, zeigen wir dir auf den folgenden Seiten auch Wege für ein beschränktes Zeitbudget auf.

Wie viel Zeit Kinder für ein kreatives Projekt oder eine gestalterische Sequenz brauchen, ist sehr individuell und hängt von ihrem Alter, ihrer Ausdauer und ihrer Gestaltungserfahrung ab.

Überlege dir:

- Hat das Kind eine lange oder eher kurze Konzentrationsspanne?
- Welche Tätigkeiten eignen sich für lange oder kurze Konzentrationsspannen?
- Was sind seine Interessen?

PRAKTISCHE TIPPS ZUR UMSETZUNG BEI DIR ZU HAUSE

- Rechne das Einrichten und das anschließende Aufräumen zeitlich mit ein. Es gehört zu jeder kreativen Arbeit dazu.
- Denke daran: Je mehr Materialien und Anregungen du bereitstellst, umso mehr Zeit brauchen Kinder, um diese zu erforschen.
- Wenn du nur wenig Zeit hast, stelle weniger Material zur Verfügung. Somit kannst du die Möglichkeiten zum Experimentieren begrenzen, und die Gestaltungssequenz (und auch das Aufräumen danach) wird verkürzt.
- Teile den Kindern bereits vorab mit, wenn ihr nur zeitlich begrenzt kreativ sein könnt. Gib ihnen eine verständliche Zeitangabe, z.B.: »Ihr dürft so lange malen, wie das Hörspiel dauert.« Du kannst die Zeit auch mit einem Timer, einer Sanduhr oder einem Wecker visualisieren.
- Erinnere die Kinder schon 10 Minuten vorher, dass sie nun langsam mit einer gestalterischen Tätigkeit abschließen müssen. Wenn Kinder in einen schöpferischen Prozess eingetaucht sind, brauchen sie genügend Zeit, um aus ihrer Fantasiewelt wieder in die Realität zurückzufinden. Mit etwas Vorlauf haben sie zudem noch die Möglichkeit, ihrem Werk etwas Wichtiges hinzuzufügen.

Verwende kleine Papierformate für kurze Zeitfenster, zum Beispiel eine A6-Postkarte für ein 5-Minuten-Malprojekt. Je größer das Papierformat, umso mehr Zeit wird beansprucht.

FREIRAUM UND GEDULD

Solange sich Kinder im Zustand der Ich-Vergessenheit befinden und ihre Tätigkeit im Fluss ist, solltest du sie möglichst nicht unterbrechen. Im sogenannten Flow-Zustand sind die Kinder beschwingt, jubeln, entdecken und staunen. Dabei haben sie häufig »Aha-Erlebnisse«, die zu tollen Glücksgefühlen führen.

Viel Zeit ist maßgeblich, damit Kinder eigene Lösungen ausprobieren und nicht die Erfahrungen von uns Erwachsenen übernehmen. Wir als Wegbegleiterinnen und Betreuer müssen uns von unseren Denkmustern lösen und Kinder eigenständige, manchmal umständliche, Wege nehmen lassen. Es ist wichtig, dass wir dabei nicht ungeduldig werden.

Auch Kinder mit Konzentrationsproblemen können bei gestalterischen Prozessen in einen Flow eintauchen, wenn du ihnen genug Zeit und Ruhe gibst.

DENKANSTOSS

Zehn Minuten vor Ende der Gestaltungssequenz kannst du zum Beispiel folgende Fragen stellen:

- »Was braucht dein Werk heute noch?«
- »Was musst du unbedingt noch heute machen?«
- »Was kann bis zum nächsten Mal warten?«
- »Was ist nötig, damit du jetzt abschließen kannst?«

Kindern hilft auch ein »Du kannst morgen daran weiterarbeiten«, damit sie die aktuelle Tätigkeit für den Moment besser abschließen können.

Es ist möglich, dass die Kinder nach einem intensiven Schaffensprozess sehr müde und hungrig sind, denn Neues zu erforschen, braucht viel Energie.

GEEIG NETES MATE RIAL

GEEIGNETES MATERIAL

In einem Bastelladen kannst du schnell sehr viel Geld ausgeben, denn dort findest du unzählige und auch sehr kostspielige Utensilien. Darum empfehlen wir dir, vorher ein Budget festzulegen und gezielt einzukaufen. Du kannst ebenso gut Materialien verwenden, die du bereits im Haushalt hast und die du upcyceln oder weiterverwenden kannst. So eignen sich Wattestäbchen, Zahnbürsten, Zeitungen, Alufolie, Trinkhalme oder Zahnstocher hervorragend zum Experimentieren und Gestalten. Bei der Wahl der Materialien ist also auch deine Kreativität gefragt. Was hast du in Küche oder Badezimmer, das du den Kindern zum Basteln anbieten kannst?

Ab Seite 50 haben wir dir eine praktische Übersicht über geeignete Bastelutensilien, mögliche Recyclingmaterialien und günstige Bezugsquellen zusammengestellt.

Unsere Empfehlung für kostenloses Bastelmaterial: beim Schreiner Abfallholz holen, in der Druckerei um Papierreste bitten, bei der Entsorgungsstelle Korken und große Kartons besorgen.

PRAKTISCHE TIPPS ZUR UMSETZUNG BEI DIR ZU HAUSE

- Wähle das Material so aus, dass es ansprechend für Kinder ist, zum Beispiel Glitzerleim in ihrer Lieblingsfarbe. So weckst du die Gestaltungsfreude der Kinder.
- Suche Materialien, die vielseitig und für unterschiedliche Projekte anwendbar sind, damit die Kinder umfangreiche Materialerfahrungen machen können.
- Lege dir einen Grundstock an Stiften, Wasserfarben, Papier, Klebemitteln und eine Schere zu. Stelle den Kindern zu Beginn nicht alles Material auf einmal zur Verfügung. Am Anfang gilt: Weniger ist mehr. Kinder sind mit einer zu großen Auswahl schnell überfordert und können sich nicht entscheiden. Ergänze deinen Grundstock von Zeit zu Zeit mit Federn, Glitzersteinen, Pfeifenputzern oder Wackelaugen.
- Hast du es auch schon mit Naturmaterialien probiert? Sammelt bei eurem nächsten Waldspaziergang Federn, Äste, Blätter, Steine oder Kastanien und verwendet sie zum Basteln und Gestalten.
- Vergiss nicht: Recyclingmaterial ist auch geeignetes Bastelmaterial. Bewahre WC-Rollen, Karton- und Plastikverpackungen, defekte Kleidung, Geschenkbänder, Wollreste, Bierdeckel und Korken in einer Bastelkiste auf, die für die Kinder zugänglich ist.

WER NEUES ENTDECKEN WILL, BRAUCHT MUT

Vielleicht ekelt sich ein Kind vor einem bestimmten Material, wie beispielsweise Kleister, Styropor oder Velours, weil es klebrig ist oder sich komisch anfühlt. Indem du als Vorbild agierst, kannst du das Kind ermuntern, seine Komfortzone zu verlassen und auch etwas Ungewohntes auszuprobieren.
Es ist auch in Ordnung, die Abneigung vorläufig zu akzeptieren und eine Alternative anzubieten. Wenn das abgelehnte Material aber in der Nähe bleibt, packt das Kind in einem unbeobachteten Moment vielleicht die Neugier und es beginnt, selbst Erfahrungen damit zu sammeln. Bestärke es darin, aus neuen Erfahrungen zu lernen und sich an neue Techniken oder Aufgaben zu wagen.

BASIS-BASTELMATERIAL

Zum Basteln braucht es nicht viel. Ein Grundstock an Basismaterial reicht schon aus, um sich kreativ auszuleben:

Papier: Weißes Papier, farbiges Papier, dickeres Papier, Karton

Farbe: Wasserfarbe (Malkasten), Gouache (flüssige Wasserfarbe, leicht auswaschbar), Farbstifte, Filzstifte

Werkzeug: Pinsel, Schere, Locher, Tacker

Klebemittel: Klebestift, Weißleim, Alleskleber, Klebeband, Malerkreppband

Weiteres: Marmeladenglas (für das Pinselwasser oder zur Aufbewahrung überschüssiger Farbe)

Für das Mischen von Farbe eignen sich Plastikverpackungen wie Pralinen- oder Eierschachteln und auch Plastikdeckel. In Kombination mit einem Karton lässt sich daraus eine Farbmischpalette basteln.

Mit der Kräuterschere lassen sich super Fransen schneiden.

AUFBAUENDES BASTELMATERIAL

Du kannst je nach Projekt noch weiteres Material anschaffen. Wir empfehlen dir folgende Bastelmaterialien, um das Basismaterial aufzustocken:

Papier: Gemustertes Papier, Kraftpapier, Seidenpapier (wasserfest), Krepppapier, Muffin- und Pralinenförmchen, Seiten aus alten Büchern, Magazinen und Zeitungen, alte Landkarten

Farbe: Wasserfeste Filzstifte, Kreide, Wachsmalkreide, Acrylfarbe (diese lässt sich aber kaum mehr entfernen)

Werkzeug: Hammer, Ahle, Prickelset (Prickelnadel und Filzunterlage), Nadeln, Cutter, Kräuterschere

Klebemittel: Washi-Tape, Holzleim, Heißleim, Glitzerleim, Kleister (diesen kannst du angerührt in einem Marmeladenglas mehrere Tage aufbewahren)

Textilien: Wollreste, Stoffreste, Pompons, Pfeifenputzer, Filz, Moosgummi, Watte

Holz: Wäscheklammern, Holzspieße, Zahnstocher, Holzkugeln, Eisstiele (Bastelstäbchen)

Weiteres: Schnur, Nylonfaden, Nägel, Reißnägel, Musterbeutelklammern, Draht, Spiegelglas, Modellierton, Pailletten, Glitzersteine, Glitter, Federn, Ballone, Trinkhalme, Bügelperlen, Naturmaterialien, Wackelaugen (diese können auch selbst gebastelt werden – mehr dazu auf Seite 133)

RECYCLINGMATERIALIEN

Kostengünstig basteln? Ja, das ist möglich. Mit scheinbar wertlosen Gegenständen lässt sich sehr viel Neues basteln, gestalten und spielen: Upcycling heißt das Zauberwort. Sammle Recyclingmaterialien und bewahre sie in einer Bastelbox auf:

Deckel aller Art
PET-Flaschen
Korken
Kronkorken
Eierschachteln oder -kartons
Kartonschachteln
Kartonrollen, WC-Rollen
Netzverpackungen
Joghurtbecher
Joghurtdeckel
Alufolie
Dosen
Blisterverpackungen
Käseschachteln

Geschenkpapier
Geschenkbänder
Stoffreste
Wollreste
Dekomaterial
Knöpfe
Zahnbürsten
Alte Strümpfe
Alte Bücher
Magazine, Zeitschriften
Landkarten
Postkarten

Was fällt dir sonst noch ein?

GÜNSTIGES BASTELMATERIAL

Es muss nicht immer teuer sein. Um günstig an Bastelmaterial zu gelangen, empfehlen wir dir folgende Bezugsquellen:

Entsorgungsstationen:
Z.B. Korken, Nespressokapseln, Karton, Styropor, Metall

Schreinereien: Holzabfälle, Sägemehl, Holzschnitzel

Restaurants: Kronkorken

Textilreinigungen: Kostenlose Kleiderbügel aus Draht

Druckereien: Papierreste

Brockenhäuser/Gebrauchtwarenläden: Alte Möbel, Bücher, Besteck

Lehmgruben/Ziegelindustrie:
Modellierton

Materialmärkte: Günstige Gebraucht- und Restmaterialien, die von Baumärkten, Handwerkern, Betrieben oder Privatpersonen zur Verfügung gestellt werden

ANRE GUNGEN UND KREA TIVE IMPULSE

kunst

ANREGUNGEN UND KREATIVE IMPULSE

Zur freien Entfaltung der Kreativität kannst du Kindern altersgerechte Impulse geben. Das kann zum Beispiel eine mündliche Ermutigung sein, etwas auf den Grund zu gehen oder Neues auszuprobieren. Auch das Bereitlegen von bestimmten Materialien regt die Kreativität an. Solche Impulse helfen den Kindern, allfällige Blockaden oder Momente der Lustlosigkeit zu überwinden und sich auf einen Gestaltungsprozess einzulassen.

Kinder finden unterschiedliche Dinge spannend, und was ein Kind anspricht, ist sehr individuell.

Um die richtigen Anregungen zu geben, stelle dir folgende Fragen:

- Besteht ein besonderes Interesse an einem Thema?
- Wie ist der Entwicklungsstand des Kindes?
- Welche Materialkenntnisse hat es bereits?
- Hat es eine Vorliebe für ein bestimmtes Material?
- Welche Techniken kennt es?
- Welche neuen Material- und Technikerfahrungen wären spannend für das Kind?

Auch für Jugendliche ist Kreativität eine wichtige Ressource.

ANREGENDE VORBILDER

Gemeinsam Entdeckungen machen

Kinder brauchen Vorbilder im Umgang mit neuen Herausforderungen. Du kannst dich zu den Kindern an den Basteltisch setzen, das Material selbst erproben und experimentieren. Wichtig ist, dass du nicht in ihr Tun eingreifst. Hilfestellungen sind nur dann angebracht, wenn die Kinder überfordert scheinen. Ansonsten bewältigen sie ihre Gestaltungsaufgaben selbst.

Ein anschließender Austausch über eure Ideen und Erfahrungen kann die Kinder motivieren. Dafür eignen sich Feststellungen wie »Für mich sieht dieses Bild wie eine Farbexplosion aus« oder »Bei mir hat das Klebeband nicht gut gehalten, als die Farbe darunter noch feucht war«.

Aktive Eltern als anregende Vorbilder

Wenn Kinder sehen, dass du dich an Neues und Unbekanntes traust, werden sie selbst auch mehr ausprobieren. Das gemeinsame Erforschen ist wichtig. Ihr könnt zum Beispiel gemeinsam Farben mischen, Recyclingmaterial neu einsetzen, unterschiedliche Pinselschwünge testen. Als Begleitperson solltest du in dieser Zeit ganz bei den Kindern und bei der Sache sein – das Mobiltelefon gehört weit weg. Lasse dich anstecken von der kindlichen Neugier! Macht etwas Verrücktes: Malt mit den Füßen oder verbindet eure Augen beim Zeichnen. Mischt Farben in einer alten Salatschleuder oder kreiert Drehbilder darin. Du wirst sehen, ihr werdet gemeinsam eine Menge Spaß haben!

WAS KANNST DU TUN, UM KINDERN DIE SCHEU VOR DEM MALEN UND GESTALTEN ZU NEHMEN?

Die wichtigste Regel bei kreativen Prozessen ist: Es gibt kein Richtig und kein Falsch. Besprich diesen Leitsatz im Vorfeld auch mit den Kindern und erkläre ihnen, was damit gemeint ist: Alles ist erlaubt, solange dabei nichts kaputtgeht und niemand einen Schaden davonträgt.

Die Kinder sollen ihren eigenen Regeln und ihrer Fantasie folgen. Sie sollen ihre eigene Ausdrucksform finden und nicht dasselbe machen wie andere. Natürlich dürfen sie das Werk der Freundin oder des Freundes als Inspiration nehmen, sollen dann aber etwas Eigenes daraus entwickeln.

Die Kinder können auch ein gemeinsames Werk gestalten, bei dem jedes Einzelne seine eigenen Erfahrungen und Einfälle einbringt. Sie können zum Beispiel zusammen einen Comic zeichnen oder eine Collage kreieren.

DENKANSTOSS

Wir dürfen keine »ansehnlichen« Arbeitsergebnisse von den Kindern erwarten. Der kreative Prozess ist in jedem Alter anders, und was dabei herauskommt, ist zweitrangig. Der Weg ist das Ziel: Im Vordergrund steht die Freude am Kreieren, nicht das Endprodukt.

Die richtige Grundhaltung macht's aus

Was für die Zeitdauer eines kreativen Prozesses bei Kindern gilt, gilt auch für die Art und Weise sowie das Resultat: Wir Erwachsenen müssen uns von den ästhetischen Vorgaben der Gesellschaft und unseren eigenen Idealen und Wertvorstellungen lösen. Wenn uns das nicht gelingt, hemmen wir durch unsere Vorstellungen und Unsicherheiten oder durch unsere Ungeduld unbewusst die Entfaltung der Kreativität unserer Kinder.

> Durch die Wiederholung einer Technik bekommen die Kinder Übung, können eine persönliche Entwicklung machen und wachsen über sich hinaus.

PRAKTISCHE TIPPS ZUR UMSETZUNG BEI DIR ZU HAUSE

- Baue mit den Kindern eine »Schrottskulptur«.
- Arbeitet mit Zufallsbildern: Wählt zum Beispiel die nächste Farbe mithilfe eines Farbwürfels.
- Ermutige die Kinder, etwas mit verbundenen Augen zu malen.
- Versucht es mit rhythmischem Malen: Lasst Musik laufen und malt im Rhythmus drauflos, ohne ein Ergebnis zu erwarten.
- Motiviere die Kinder, auch einmal etwas besonders »hässlich« zu malen.

WENN KINDER NICHT MITMACHEN MÖCHTEN

Zum freien Gestalten gehört auch die Freiheit, sich nach dem Lustprinzip zu richten: Vielleicht möchte ein Kind gerade etwas anderes spielen, ist müde oder hat einfach keine Lust auf Basteln und Gestalten. Das ist in Ordnung. Auch das ist ein wichtiger Schritt im Prozess zum eigenständigen Denken und Handeln: die eigenen Bedürfnisse zu erkennen und auszudrücken.

Doch es ist wichtig herauszufinden, ob es sich wirklich einfach um »keine Lust« handelt. Hat das Kind vielleicht Angst, etwas Neues zu wagen? Hat es Hemmungen, ein Selbstporträt zu malen, weil es denkt, es wird nicht realistisch genug? Du kannst durch deine gezielte Aufmerksamkeit eventuelle Vermeidungsstrategien erkennen.

STABILO

Wie erkennst du Blockaden?

»Malen und Basteln ist blöd und langweilig!« – solche Aussagen machen Kinder manchmal. Vielleicht haben sie andere Vorlieben und malen oder zeichnen nicht gern. Das ist kein Problem und wir müssen es akzeptieren. Es gibt noch viele weitere Tätigkeitsbereiche, um kreativ zu sein. Suche nach anderen geeigneten Aktivitäten wie kochen, Spiele erfinden oder musizieren.

Es kann aber auch heißen, dass sich Kinder nicht zutrauen, ein Werk so hinzukriegen, wie sie sich das vorstellen. Sie sagen dann oft: »Das bringt sowieso nichts!« oder »Das ist mir zu anstrengend!«.

Das sind meistens Schutzmechanismen. Die Kinder haben Angst, beurteilt zu werden, oder sie zweifeln an sich: »Ich schaff das ohnehin nicht!« Vielleicht sind sie auch zu streng mit sich selbst. Das ist ein Teufelskreis, denn so machen die Kinder keine neuen Erfahrungen, auf denen sie beim nächsten Mal aufbauen können.

Manchmal hilft schon, wenn Kinder einfach über ihren Frust und ihre Ängste sprechen können oder wenn du sie fest in die Arme schließt und ihnen emotionale Nähe signalisierst.

Vergiss die wichtigste Regel beim kreativen Prozess nicht: Es gibt kein Richtig und kein Falsch!

BEISPIELE

Anteil nehmende Aussagen oder Fragen:

- »Du hast Angst, von den andern beurteilt zu werden.«
- »Nichts ist so einfach, wie es aussieht.«
- »Ich verstehe dich.«
- »Du bist aber streng mit dir!«
- »Hast du Angst, von deinem Werk enttäuscht zu sein?«
- »Du möchtest keine Fehler machen. Aber niemand gibt hier eine Beurteilung ab, also gibt es auch kein Richtig oder Falsch.«
- »Niemand ist perfekt. Wichtig ist, dass du dir Mühe gibst, dann kommt es gut.«
- »Dein Werk darf auch mittelmäßig oder nicht besonders schön sein, denn auch so machst du wichtige Erfahrungen, auf denen du aufbauen kannst.«

Mutmach-Sätze:

- »Lasse den Kopf nicht hängen, glaube an dich!«
- »Du und deine Ideen sind einzigartig. Du musst niemanden kopieren.«
- »Ich bin immer für dich da. Ich helfe dir, wenn du mich brauchst.«
- »Habe den Mut, Fehler zu machen. Aus Misserfolgen kannst du immer auch etwas lernen.«

WIE KANNST DU AM BESTEN MIT FRUST BEI KINDERN UMGEHEN?

Manchmal gibt es im Entstehungsprozess eines Werks einen gewissen Punkt, an dem das Kind vielleicht blockiert oder frustriert ist oder mit seinen eigenen Kenntnissen nicht weiterkommt. Du kennst solche Momente sicher aus deinem eigenen Leben. Ermutigende Anmerkungen helfen bei der Bewältigung dieser Situation.

Auch mit Materialvorschlägen kannst du das Kind unterstützen: »Möchtest du vielleicht einen dünneren Pinsel verwenden?« oder »Hast du Lust, einen Kohlestift auszuprobieren?« Das Kind soll dann aber frei entscheiden können, ob es diese Anregung annimmt oder als weiteren Schritt einen eigenen Vorschlag macht. Vielleicht kommt es durch deine Fragen auf eine andere Idee?

BEISPIELE

Hilfreiche »wie-weiter?«-Formulierungen:

- »Versuche, ein Bild mit möglichst wenig Weißraum zu malen.«
- »Traue dich, ein wildes Kritzelbild zu zeichnen.«
- »Habe Mut, den Karton selber zuzuschneiden. Du schaffst es.«
- »Probiere aus, wie es ist, wenn du die Farbe mit Wasser mischst.«
- »Wie könntest du die Stabilität deiner Skulptur erhöhen?«
- »Ich weiß, du findest eine Lösung, um diese Blumen an deinem Werk zu befestigen.«

POLISEI
POLISEI
POLISE

Wie Kinder ihre Frustrationstoleranz trainieren können

Ein niederschwelliger, spielerischer Einstieg in die nächste Gestaltungssequenz kann die Frustration bei Kindern reduzieren. Mit den folgenden Ideen kannst du die Kinder anleiten:

- Fange klein an und versuche, Bilder in Postkartengröße zu gestalten oder Miniskulpturen zu kreieren. Mit der Zeit kannst du größere Formate wählen.

- Zeichne einen kleinen Bilderrahmen für Miniporträts.

- Zeichne dein Lieblingstier, zum Beispiel deine Katze, mindestens so viele Male, wie du alt bist. Du bist sechs Jahre alt? Zeichne die Katze sechsmal.

- Male ein Blatt mit deinen Lieblingsfarben an. Wenn es trocken ist, kannst du verschiedene abstrakte Formen daraus ausschneiden und die einzelnen Formen zu einem Bild zusammenfügen.

- Bleib nicht zu lange bei einer Zeichnung. Es darf ein 5-Minuten-Bild sein. Probiere dabei verschiedene Methoden aus. Versuche, das Tier auch einmal ohne Pinsel, mit bloßen Händen oder mit den Füßen zu malen. Zeichne das Auto einmal ganz klein, dann riesengroß. Male den Zauberer absichtlich dick oder dünn. Wähle dann aus deinen Zeichnungen das Werk aus, das dir am besten gefällt. Die restlichen Bilder darfst du kraftvoll zerknüllen oder zerreißen und dabei deinen Frust über die nicht gelungenen Werke auslassen.

MIT EINER MATERIALAUSWAHL ZUM KREATIVSEIN EINLADEN

Mit dem Bereitstellen einer kleinen Auswahl an Bastelutensilien kannst du Kinder einladen, frei zu experimentieren und neue Materialien auszuprobieren. Die gewählten Arbeitsmittel sollen gut sichtbar auf dem Basteltisch liegen. Alles andere wird weggeräumt. Auch hier gilt: Weniger ist mehr. Es braucht nicht viel, um die Neugier der Kinder zu wecken. Du kannst das Angebot nach einer gewissen Zeit ändern, um den Kindern neue Erfahrungen zu ermöglichen.

Auf Seiten 112–121 findest du Vorschläge, um Kinder mit bestimmten Materialien zum freien Schaffen zu animieren. Sie dürfen und sollen sich frei ausdrücken, ohne Vorgaben, ohne Perfektion und ohne Druck.

Die Kinder dürfen selbst auch noch weitere Materialien dazunehmen, wenn sie dies aus eigenem Antrieb wünschen.

BEGLEI
TUNG
UND
WERT
SCHÄT
ZUNG

BEGLEITUNG UND WERTSCHÄTZUNG

Die aufmerksame Begleitung

Auf Kinder wirken die Begleitung durch eine nahe Bezugsperson sowie deren Aufmerksamkeit und Anteilnahme am Gestaltungsprozess sehr motivierend. Behindern Erwachsene das kindliche Gestalten jedoch zu sehr durch Korrekturen, wertende Bemerkungen oder Vorgaben, schränkt das die Fantasie und das eigene kreative Denken erheblich ein. Auch wenn wir es nur gut meinen, verhindern wir damit, dass Kinder ihre eigenen Vorstellungen selbstständig umsetzen lernen. Kinder sind Forscherinnen und Erfinder! Wenn wir sie ihre eigenen Erfahrungen machen lassen, begreifen sie von selbst, warum etwas klappt oder nicht.

Weshalb ist dies so wichtig?

Eigene Erkenntnisse bedeuten immer einen Lernfortschritt. Kinder entwickeln beim aktiven Tun ihre Feinmotorik und ihre Bildkompetenzen. Durch das Gefühl, etwas selbst entdeckt zu haben, nehmen sie ihre Selbstwirksamkeit wahr und entwickeln dadurch ein starkes Selbstbewusstsein.

Es gibt aber auch Ausnahmen

Bei technischen Schwierigkeiten oder der gestalterischen Umsetzung spezieller Ideen brauchen Kinder deine Hilfestellung. Insbesondere beim Umgang mit Material und Werkzeugen, die bei unsachgemäßem Gebrauch gefährlich sein könnten, ist deine Unterstützung gefragt. So ist es bei der Arbeit mit einer Ahle, dem Heißleim oder einem Cutter unerlässlich, die Kinder anzuleiten, damit sie sich nicht verletzen.

Wenn Kinder um Hilfe bitten, kannst du ihnen mit technischen Tipps oder altersgerechten Vorschlägen zur Seite stehen. Es ist aber essenziell, dass Kinder Hindernisse möglichst selbst überwinden und so lernen, sich eigenständig durchzuschlagen und etwas zu Ende zu bringen. Nimm deshalb nicht die Lösung des Problems vorweg und male nicht in ihre Bilder hinein. Damit suggerierst du ihnen, deine Ideen seien besser. Das verunsichert und hemmt die Kinder dabei, ihren eigenen Lösungsweg zu finden.

ORIGINAL
Coca-Cola

FRAGEN ÜBER FRAGEN

Durch Fragen wie »Was ist das?« oder »Wieso machst du das?« unterbrichst du das Kind im schöpferischen Prozess. Meistens wollen Kinder einfach nur in ihrem Tun gesehen werden.

Gerade bei jüngeren Kindern ist es oft so, dass sie ohne ein konkretes Ziel an ein Werk herangehen. Sie malen aus ihrem Gefühl heraus und wollen nicht ein bestimmtes Sujet abbilden. Darum solltest du keine Fragen stellen, die auf ein konkretes Motiv hinzielen.

Auch wertende Fragen wie »Hast du die Arme vergessen?« oder »Wo sind die Haare?« sind zu vermeiden. Sie lassen die Kinder glauben, sie hätten etwas falsch gemacht.

Versuche, mit den Kindern über ihre Bilder zu sprechen. Dafür eignen sich offene, unspezifische Fragen und neutrale Aussagen, welche die Kinder zum Denken anregen.

Mit folgenden Fragen zeigst du ohne Wertung dein Interesse am Werk des Kindes. Es gibt dabei kein Richtig und kein Falsch:

- »Wie kann der Räuber sein Diebesgut festhalten?«
- »In welche Richtung schaut der Räuber?«
- »Hast du schon einmal einen Räuber gesehen, oder ist dies ein Fantasie-Räuber?«
- »Gibt's eine echte Geschichte zu diesem Räuber?«

Mit anderen Fragen kannst du auf die Gefühle des Kindes während des Gestaltungsprozesses eingehen:

- »**Was hast du erlebt** beim Gestalten des Bildes?«
- »**Wie war es für dich,** das Bild zu malen?«

Formulierungen wie »Ich sehe, ...« oder »Mir ist aufgefallen, ...« zeigen deine neutrale Anteilnahme und regen die Kinder an:

- »**Ich sehe,** heute haben dich die Farben Rot und Blau besonders angesprochen.«
- »**Mir ist aufgefallen,** dass du beim Malen viel Wasser verwendet hast.«

Sachliche Fragen zur angewandten Technik können bei den Kindern eine Reflexion über den gestalterischen Vorgang anstoßen:

- »**Wie hast du** diese Farbmischung hingekriegt?«
- »**Wie ist es dir gelungen,** die einzelnen Teile deiner Skulptur miteinander zu verbinden?«
- »**Erzähle mir,** wie du diese Mauer gebaut hast, ohne dass sie kippt.«

LOBE DEN ARBEITSPROZESS UND DEN GROSSEN EINSATZ, NICHT DAS ENDPRODUKT!

Die Sache mit dem Lob

Der Antrieb für die Kreativität sollte nicht die Anerkennung von außen, sondern ein inneres Bedürfnis sein. Der Schaffensprozess ist eine Entdeckungsreise ins Fantasieland der Kinder. Etwas Eigenes erschaffen soll Spaß machen und der Freude am Gestalten entspringen.

»Richtig« loben setzt Achtsamkeit voraus. Anerkennende Bemerkungen sollen sparsam zum Einsatz kommen. Aussagen wie »Super!« oder »Sehr schön!« sind unspezifisch. Sinnvoller sind abwechslungsreiche und differenzierte Rückmeldungen, damit die Kinder merken, dass du auf ihr Werk eingehst und du es dir wirklich angesehen hast.

Das Lob soll sich nicht auf das Kind als Person beziehen, sondern auf sein gestalterisches Schaffen. Vermeide Formulierungen wie »Du bist ein Naturtalent!«, »Du bist genial!« oder »Du bist ein geborener Künstler!«. Sie drücken hohe Erwartungen aus und vermitteln dem Kind das Gefühl, immer so tolle Resultate hervorbringen zu müssen.

Beginne das Lob mit einer Ich-Botschaft: »**Ich finde**…« oder »**Mir gefällt**…«. So merkt das Kind, dass du deine persönliche Meinung ausdrückst und nicht bloß eine pauschalisierende Bewertung abgibst.

BEISPIELE

Anerkennende Formulierungen:

- »Ich finde, diese Farbmischung ist dir gut gelungen.«
- »Mir gefällt deine neue Erfindung, sie sieht sehr spannend aus.«
- »Du hast aber wirklich hart an dieser Zeichnung gearbeitet.«
- »Ich finde die Idee, mit den Ohrenstäbchen zu malen, sehr originell.«
- »Ich finde, du hast dir große Mühe gegeben, diesen Vogel genau anzusehen und abzuzeichnen.«
- »Ich finde sehr spannend, was du mir zu diesem Bild erzählt hast.«

Wenn du zu oft lobst, gestaltet das Kind seine Werke, um dir oder anderen eine Freude zu bereiten. Es wird dadurch abhängig von deinem Wertemaßstab und deinen Lobesworten und gestaltet Bilder eher nach deinem Geschmack. So lernt es nicht, eigenständige Bildideen umzusetzen.

Wertschätzung ist mehr als lobende Worte. Sie ist eine innere Haltung und nimmt Kinder als Ganzes wahr, unabhängig von ihrer Leistung und dem Endergebnis.

PERFEKTIONISMUS KANN DAS KREATIVE SCHAFFEN HEMMEN

Es gibt Kinder, die sehr hohe Erwartungen an sich selbst und an das Endprodukt ihrer Arbeit haben. Sie wollen es perfekt machen. Ein meisterhaftes Endresultat zu gestalten, gelingt aber selten beim ersten Anlauf. So endet das kreative Arbeiten mit Ärger oder Enttäuschung. Die Kinder sind nicht zufrieden mit dem Ergebnis und wollen es nicht mehr ansehen oder gar aus Wut zerstören.

Es gibt keinen Grund, an der Kreativität der Kinder zu zweifeln. Gib ihnen ein bisschen Zeit, um mit ihrer Enttäuschung umzugehen und die gemachten Erfahrungen zu verdauen. Manchmal hilft es, die Kinder in den Arm zu nehmen und ihnen zu bestätigen, dass jeder Mensch solche Erfahrungen macht und es beim zweiten Versuch sicher schon besser laufen wird.

Lebe eine offene Fehlerkultur vor

Auch wir Erwachsenen machen Fehler und sind nicht perfekt. Entscheidend ist, wie wir damit umgehen und dass wir etwas daraus lernen. Wenn es uns gelingt, den Kindern als Vorbilder eine offene Fehlerkultur vorzuleben, trauen auch sie sich, Fehler zu machen und mehr kreative Risiken einzugehen.

Nimm dir Zeit, zu den Kindern zu sitzen.
Deine Nähe bestärkt sie darin, weiterzumachen.

EIN KREATIVER PROZESS IST MANCHMAL MIT ANSTRENGUNG VERBUNDEN

Es braucht den Willen, Neues zu lernen und zu üben. Darum ist Malen und Gestalten ein ausgezeichnetes Betätigungsfeld, um Durchhaltevermögen zu trainieren. Die Wiederholung einer Technik ist nötig, um sich zu verbessern. Dafür braucht es Ausdauer und Geduld mit sich selbst. Beim zweiten Anlauf ist es meist schwieriger, die Kinder zu motivieren. Es braucht eine intensivere Begleitung und Gelassenheit.

Wie die berühmte Schriftstellerin Maya Angelou einmal so treffend formulierte, können wir Kreativität nie aufbrauchen. Je mehr wir sie anwenden, umso mehr haben wir davon. Die Ideen werden sich stetig vermehren.

DENKANSTOSS

Es ist wichtig, das Vertrauen des Kindes zu würdigen, wenn es dir ein Werk zeigen oder schenken möchte. Sein Mitteilungsbedürfnis ist ein Geschenk, denn es will seine Erkenntnisse mit dir teilen. Zeige deine Freude offen, nimm wertschätzend Anteil und mache keine kritischen oder gar abwertenden Bemerkungen.

MACHE DEINE WERT-SCHÄTZUNG SICHTBAR

Beim kreativen Schaffen gibt es Endprodukte, die den Kindern besonders am Herzen liegen, und andere, die eher nebensächlich sind. Auch wenn das Experimentieren und das Ausprobieren wertvoll waren, muss das Ergebnis nicht zwingend aufbewahrt werden.

Frage das Kind nach der Bedeutsamkeit des Werks:

- »Ist dieses Werk wichtig für dich?«
- »Möchtest du es in deinem Zimmer aufhängen?«
- »Dürfen es auch andere Personen sehen?«
- »Sollen wir diese Kreation aufbewahren?«
- »Ist es speziell für jemanden gedacht?«
- »Sollen wir es eine gewisse Zeit ausstellen?«

Eine Herzenskreation braucht zu Hause einen geeigneten Platz, wo sie für eine gewisse Zeit zur Schau gestellt werden kann. Diese Wertschätzung der Werke ist wichtig für den Kreativprozess. Die Kinder fühlen sich dadurch wahrgenommen und geachtet. Dies motiviert sie wiederum, weiterhin kreativ zu sein und Neues auszuprobieren.

PRAKTISCHE TIPPS, WIE DU KINDERKUNST ZU HAUSE AUSSTELLEN KANNST

- Überlege dir zunächst, wie eure Wohnsituation aussieht. Denn wie ihr die ausgewählten Kinderkunstwerke ausstellen könnt, hängt auch von äußeren Faktoren ab: Dürfen Löcher in die Wand gemacht werden? Wie viel Platz steht im Wohnzimmer zur Verfügung, damit die Kunstwerke nicht im Weg stehen? Wohnt ihr in einer Wohnung mit abgeschrägten Wänden, gibt es vor allem große Fenster, oder sind noch viele freie Wände vorhanden?

- Hänge Lieblingszeichnungen zum Beispiel im Wohnzimmer, in der Küche am Kühlschrank oder über dem Bett der Kinder auf.

- Präsentiere wechselnde Kunstwerke auf einem schönen Holzsockel.

- Lasse eine kleine Skulptur von der Decke hängen.

- Suche in der Natur einen dekorativen Ast oder ein Stück Schwemmholz, lehne das Fundstück zu Hause an eine freie Wand und bringe mit Reißnägeln Zeichnungen daran an.

- Wähle aus den weiteren Vorschlägen auf den folgenden Seiten eine Variante aus, die sich für euer Zuhause eignet und die auch deinem Geschmack entspricht.

Gestalte eine Bilderwand, indem du Kinderzeichnungen mit anderen Bildern, z.B. Kunstdrucken oder Fotos, kombinierst.

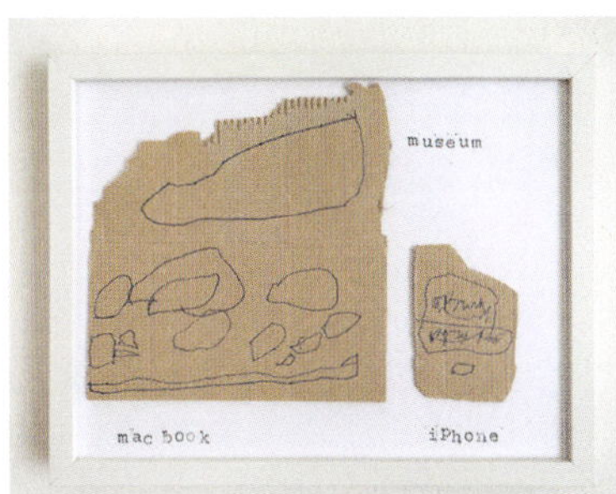

Klebe Kinderzeichnungen auf Papier und beschrifte sie mit einem Stempel.

Befestige die Kunst mit Klammern an einer Schnur oder einer Lichterkette und hänge diese an die Wand.

Verwandle ein Gestell im Wohnzimmer in ein Kinderkunstmuseum mit Wechselausstellung.

Präsentiere wechselnde Kunstwerke auf einem kleinen Holzsockel.

Befestige einen Nagel auf dem Sockel und stecke jene Kunstwerke darauf, die nicht von selbst stehen.

Benutze einen großen Sockel für die Wechselausstellung von Kinderkunst.

Benutze ein Klemmbrett für das
Aufhängen von Kinderbildern.

Befestige Wäscheklammern mit Heißleim an einem Ast und hänge ihn an einem Nylonfaden auf. Präsentiere daran die aktuellen Bilder.

Stelle kleine Werke auf einen Bilderrahmen.

Verwende Hosenbügel oder große Klammern als Aufhängevorrichtung.

Stelle Bilder und kleine Kunstwerke auf einem Wandbrett oder dem Fenstersims aus.

Befestige Bilder mit Magneten an der Heizung oder am Kühlschrank oder mit Washi-Tape an einer Tür.

Benutze einen Kartonteller als Rahmen und klebe Bilder darauf.

Fotografiere die Kunstwerke der Kinder und gestalte aus den Fotos ein Kinderkunst-Fotobuch.

Benutze einen Setzkasten, um kleine Werke auszustellen.

Gestalte aus Verpackungskarton einen Bilderrahmen.

Bemale eine Wand mit Magnet- und Tafelfarbe und hänge Bilder mit Magneten daran auf.

AUSSORTIEREN, AUFBEWAHREN ODER WEITERENTWICKELN

Kinderwerke dürfen nach einer Weile auch aussortiert werden. Frage die Kinder, was aufbewahrt und was entsorgt werden kann.

Weitere Ideen, um Kinderkunst zu sammeln und zu würdigen:
- Bewahre Zeichnungen in einer Bildermappe auf. Notiere auf der Rückseite der Zeichnung Datum, Titel, eine kurze Bildbeschreibung sowie den Namen des Kindes.
- Lasse die Kinder aus Karton eine eigene Bildermappe gestalten.
- Sammle Zeichnungen bis A4-Größe in einem Ordner, beispielsweise in Sichtmappen.

Aus alten Werken können aber auch ganz neue Projekte entstehen. Du kannst die Kinderkunst zusammen mit den Kindern auch »verwerten« und in anderer Form verschenken:
- Klebt Ausschnitte aus Zeichnungen auf Grußkarten.
- Bastelt Briefumschläge aus den Kinderzeichnungen.
- Verwendet die gemalten Werke als Verpackungspapier.
- Fotografiert die Kinderkunst und lasst daraus bei der Post eure eigenen Briefmarken erstellen.
- Gestaltet mit den fotografierten Kunstwerken Karten und lasst diese drucken.

ACHT SAMKEIT MIT ALLEN SINNEN

ACHTSAMKEIT MIT ALLEN SINNEN

Kinder lernen, indem sie Dinge anfassen, auseinandernehmen, erforschen und sich so mit ihnen vertraut machen. Sie wollen erfahren, wie Dinge funktionieren, ohne von Erwachsenen dabei kontrolliert zu werden.

Achtsamkeit im Alltag fördert die Kreativität, denn das Gestalten wird auch durch Sinneswahrnehmungen angeregt. Die Sensibilisierung der Sinne erfordert eine Grundoffenheit für unsere Umgebung. Durch das Einatmen von Gerüchen, das Hören von Klängen oder das Ertasten eines Materials nehmen wir Kontakt zu unserer Umwelt auf. Wenn du mit Kindern unterwegs bist, versucht euren »Autopiloten« bewusst abzuschalten und euch der Gegenwart zu widmen. Es lohnt sich, genau hinzusehen und darauf zu achten, was die Interessen der Kinder weckt. Vielleicht findet ihr Gegenstände, die ihr zum Basteln verwenden könnt, weil sie sich einfach gut in eurer Hand anfühlen?

Unsere Kinder sind wahrlich Expertinnen und Meister im Entdecken von wunderbaren Kleinigkeiten. In diesem Punkt kannst du viel von ihnen lernen. Versuche, einen Perspektivenwechsel zu vollziehen und die Welt durch die Augen der Kinder zu sehen: Staune mit ihnen, beobachte aufmerksam eine Raupe, sammle Kastanien und Steine, studiere einen Tannenzapfen im Detail oder zähle die Jahresringe eines Baumes.

Die Welt mit allen Sinnen wahrzunehmen, ist die Grundlage für Lernerfahrungen. Ihre Lernerfahrungen speichern Kinder am besten, wenn sie diese mit möglichst vielen Sinnen erleben konnten. Sind die Sinne wach, entwickeln die Kinder auch eine gute Selbstwahrnehmung und Sicherheit im alltäglichen Gebrauch von Dingen. Sie lernen, praktisch zu denken und zu handeln.

Hören, Schmecken, Riechen, Sehen, Tasten machen die Welt für die Kinder interessant, ihre Neugier wird geweckt, und sie erfahren ihren Lebensraum ganzheitlich.

KINDER ERLEBEN DIE WELT MIT IHREM GANZEN KÖRPER

Beim Gestalten, Spielen, Singen und Experimentieren können die Kinder ihre Sinne aktivieren und schärfen. Mit der Zeit nehmen sie sich selbst und ihre Umwelt differenzierter wahr.

Beim Basteln mit unterschiedlichen Materialien tauchen verschiedene Sinneswahrnehmungen auf. Es ist spannend, sich darüber auszutauschen:

- Wie klingt ein Holzstück, ein Metallstab oder eine Petflasche, wenn wir mit unserem Werkzeug daran klopfen? Hallt der Klang noch nach? Was tönt am lautesten?
- Wie fühlt sich ein Stück Ton, Schleim oder Farbe an meinen Händen an?
- Wie riecht Erde, wenn wir sie nass machen? Wie duften frisch gesammelte Herbstblätter oder der Klebstoff, mit dem wir sie auf das Papier kleben? Welchen Geruch mögen wir lieber?
- Aus der Nähe sieht die Erde ganz anders aus als von Weitem. Wenn wir ganz dicht herangehen, sehen wir die Struktur der Erde und können sogar kleine Tiere darin entdecken. Was können wir sonst noch erkennen?

Diese Eindrücke zu benennen, hilft den Kindern dabei, ihre Empfindungen und Emotionen bewusst wahrzunehmen. Sie lernen auch, ihre Worte mit Bedacht zu wählen und sich nuanciert auszudrücken. Sie können auch ihre Bildsprache als gestalterische Ausdrucksform für ihre Eindrücke nutzen.

Lasse die Kinder im Matsch herumspringen und spielen. Wie fühlt es sich an? Wie riecht es? Wie tönt es? Wie verändert es sich?

Tasten, Riechen, Hören, Sehen: Gestaltet mit dem Matsch ein Baummonster. Das geht auch mit Lehm aus einem nahegelegenen Fluss.

Schmecken, Riechen, Tasten, Sehen: Gemeinsam etwas backen oder kochen weckt viele Sinne.

TITAN

DIE KRAFT DER NATUR

Den Umgang mit der Natur lernen Kinder, indem sie eine Beziehung zu ihr aufbauen und sich auf sie einlassen. Dies geschieht durch das Spielen, Entdecken und Erforschen.

Die Schätze, die Kinder in der Natur finden, regen ihre Fantasie an. Aus Mohn wird eine Fee, zwei Stöcke machen Musik, Steine bilden eine lange Schlange, Moos wird zum Sitzplatz für einen Imbiss, Rinde zum Dach für das Waldhaus. Zudem lernen die Kinder in der Natur elementare Dinge des Lebens: Sie erfahren zum Beispiel den Wandel der Jahreszeiten oder üben das sichere Bewegen in unwegsamem Gelände. Die Auseinandersetzung mit der Natur stärkt das Verständnis und die Wertschätzung ihr gegenüber. Kinder und Erwachsene lernen, die Natur zu achten und ihr Sorge zu tragen.

Es tut gut, Zeit in der Natur zu verbringen, um zur Ruhe zu kommen und durchzuatmen. Dadurch entsteht wieder Raum für neue Ideen. Vielleicht inspiriert die Schönheit der Natur auch dich dazu, den Weg zu deiner eigenen Kreativität zu entdecken.

PRAKTISCHE TIPPS ZUR UMSETZUNG BEI DIR ZU HAUSE

- Fördere den bewussten Umgang der Kinder mit den zahlreichen Dingen, die uns unsere Umwelt für das Kreativsein zur Verfügung stellt. Dazu gehören auch Materialien aus natürlichen Ressourcen wie Papier, das aus Holz hergestellt wird. Verwendet sie zu Hause entsprechend sorgsam.

- Verschwendet keine Farbmittel und spült möglichst wenig davon ins Waschbecken. Denn diese schwer abbaubaren Substanzen können schlecht aus dem Abwasser gefiltert werden und belasten unsere Umwelt. Dasselbe gilt für Glitzerstaub.

- Sei ein Vorbild und gehe selbst respektvoll mit den Materialien um.

DENKANSTOSS

Für naturunerfahrene Kinder
Die Erfahrungen, Bedürfnisse und Interessen der Kinder sind unterschiedlich. Kinder, die nicht naturerfahren sind, müssen am Anfang bewusst angeleitet und begleitet werden, um den Zugang zur Natur zu erleben.

Ein Spaziergang im Wald oder am Fluss mit den Worten »Komm, wir schauen, was wir heute Interessantes entdecken!« kann schon ein Gefühl von Abenteuer wecken.

Mit einer Eierschachtel und Bildern oder Skizzen verschiedener Naturmaterialien kannst du rasch und einfach ein Naturmemory vorbereiten (siehe Beispiel auf dem Bild rechts). Damit könnt ihr euch gemeinsam auf die Suche nach bestimmten Fundstücken im Wald machen.

FEDER
SCHNECKE
STEIN
STÖCKCHEN
BLATT
BAUM RINDE
MOOS
FARN
ZAPFEN
EICHEL

KULTURELLE ERLEBNISSE SCHAFFEN

Nicht nur die Natur bietet wichtige Sinneserfahrungen, die zum kreativen Schaffen anregen. Auch kulturelle Erlebnisse können Kinder zum Kreativsein inspirieren.

Es gibt zahlreiche Möglichkeiten, um Kindern Kunst und Kultur näherzubringen. Wie wäre es zum Beispiel mit einem Museumsbesuch? Es gibt viele kinderfreundliche Museen, die auch Mitmachangebote oder sogar Kreativateliers für Kinder organisieren. Manchmal gibt es Familienworkshops oder Führungen speziell für Kinder.

Auf Online-Plattformen oder in lokalen Veranstaltungskalendern kannst du dich über kulturelle Veranstaltungen und spannende Angebote für Kinder informieren.

Vielleicht kennst du kreative Personen, die ein Studio oder eine Werkstatt haben? Frage sie an, ob du mit Kindern einen Atelierbesuch machen darfst. Kunstschaffende agieren als kreative Vorbilder und können Kindern und ihren Bezugspersonen Zugang zu neuen Materialien und Techniken bieten. Mit ihrer anderen Sichtweise geben sie euch die Gelegenheit, die Welt aus einer anderen Perspektive zu entdecken und zu erleben.

WHAT WILL YOU DO WHEN IT IS FOUND?
READ YOUR POEM LOUD LOUD LOUD
AMK
HALA Madrid
KEEP CALM AND LISTEN TO PSYTRANCE
ENJOY LIFE
Family + Friends
NOWEDOODLE
SAVE THE TURTLES
THE CRY
WAS MACHE ICH HIER?
Am Strand.

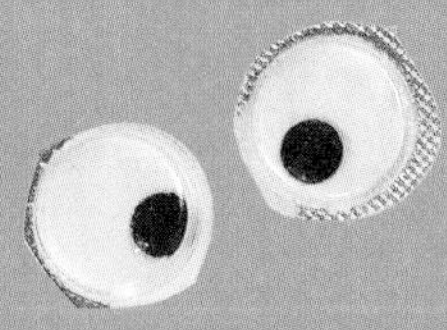

Augen sagen manchmal mehr als Worte. Zeichnet eigene Augen. Lasst euch dabei von Tieraugen inspirieren.

55 IDEEN ZUM FREIEN GESTALTEN

Im Rahmen unserer Tätigkeit für das KILUDO Kreativmagazin haben wir viele Herangehensweisen an das freie, kreative Schaffen getestet und zusammen mit Kindern umgesetzt. Für dich haben wir auf den folgenden Seiten die spannendsten und abwechslungsreichsten Ideen und Übungen zusammengestellt.

Lasse dich von ihnen inspirieren. Probiere sie zusammen mit den Kindern aus – ganz ohne Vorurteile. Finde heraus, welche Techniken ihnen zusagen. Sie werden ihre eigenen Erfahrungen damit machen und dürfen die Ideen ihren Vorlieben und Bedürfnissen entsprechend anpassen.

Die Anregungen geben den Kindern Spielraum zur Entwicklung ihrer eigenen Kreativität. Nimm unsere Impulse auf und lasse die Kinder diese weiterspinnen. So vermehren sich die Ideen, und die Kreativität gedeiht.

MATERIAL BEREITSTELLEN UND ABWARTEN

Arrangiere auf einem Basteltisch übersichtlich und einladend eine kleine Auswahl an spezifischem Bastelmaterial. Mit diesem kreativen Impuls lädst du die Kinder ein, tätig zu werden, ohne dass es dazu viele Worte braucht. Warte ab und lasse dich überraschen, was entsteht.

Als Steigerungsform kannst du ihnen zum ausgewählten Material eine Aufgabe geben, zum Beispiel:

- »Konstruiert damit ein Fahrzeug. Ihr dürft auch eines erfinden, das es noch nicht gibt.«
- »Entwickelt damit eine Fantasiefigur.«
- »Gestaltet eine Wunderblume.«

Steine, Acrylfarbe,
Pinsel, Glas mit Wasser

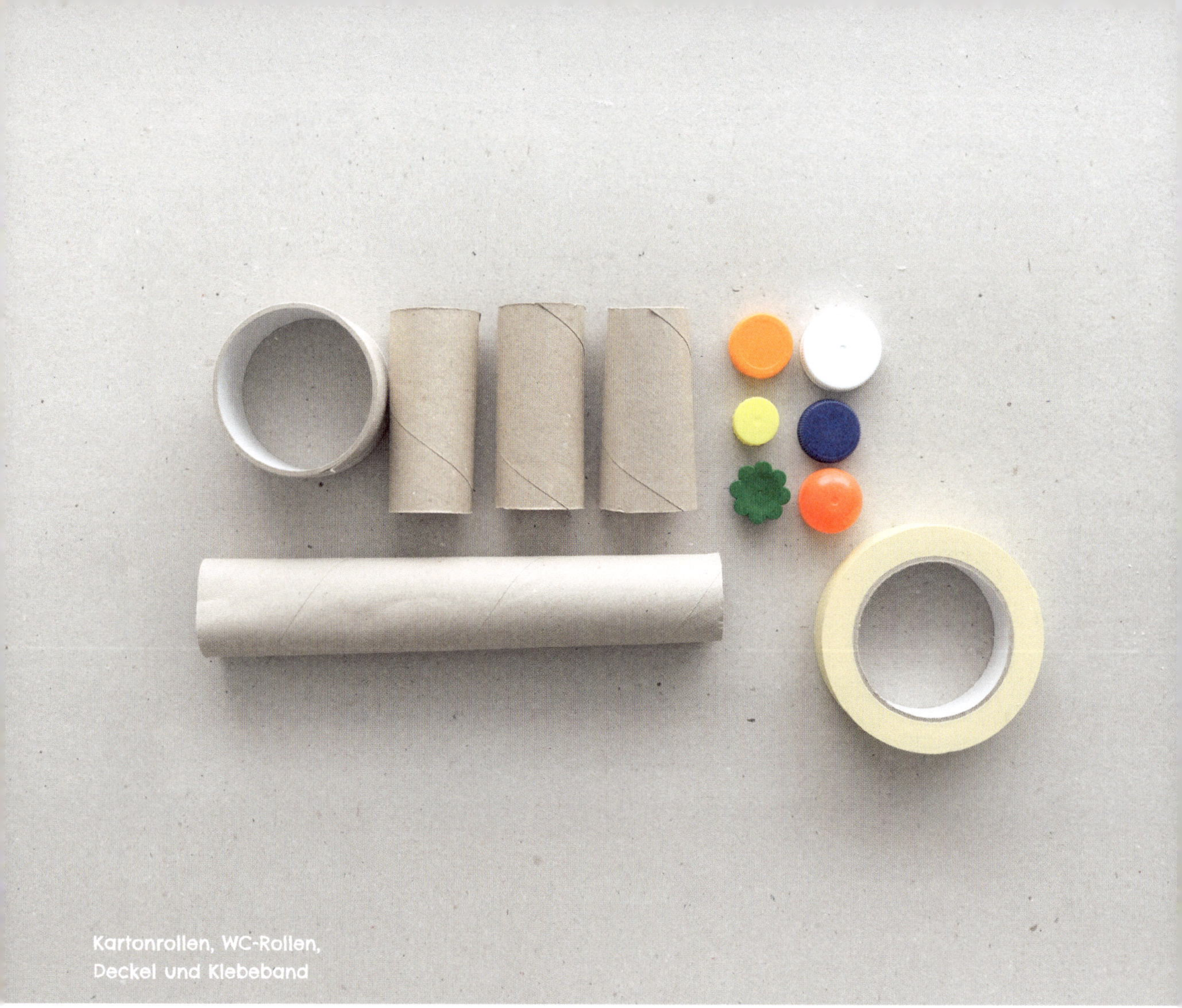

Kartonrollen, WC-Rollen,
Deckel und Klebeband

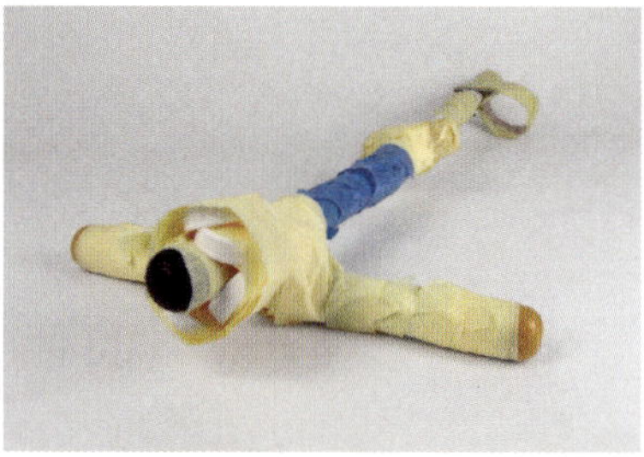

Schwarzes Papier,
Mehl, Wasser

Dickes Papier oder Karton,
Wäscheklammern, Filzstifte,
Federn, Klebestreifen

Kleinteiliges Recyclingmaterial
wie Deckel, Heißleim

Weißes Papier, alte Magazine, Schere, Klebestift

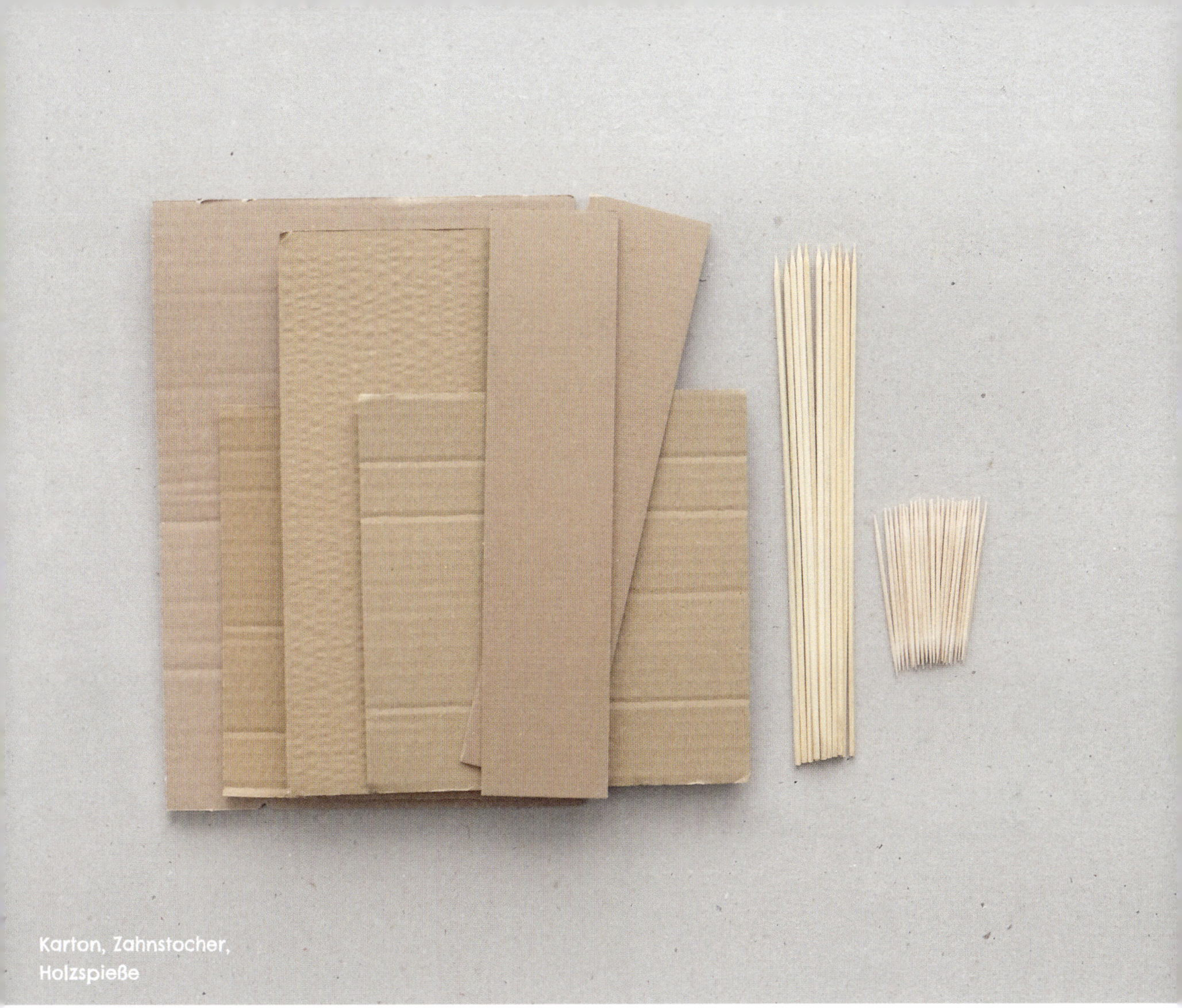

Karton, Zahnstocher, Holzspieße

Holz, Nägel,
Draht, Hammer

Weißes Papier, Farbkasten, Pinsel, Glas mit Wasser

KREATIVE ANREIZE FÜR DEN ALLTAG UND AUF REISEN

Mit Kindern unterwegs sein, kann manchmal hektisch werden. Zu Hause wiederum kann den Kindern manchmal die Decke auf den Kopf fallen – zum Beispiel wenn draußen schlechtes Wetter ist. Dann ist es hilfreich, ein paar kreative Ideen zur Hand zu haben, um Momente der Unzufriedenheit oder Langeweile zu überbrücken. Die folgenden Beispiele können mit wenig Material einfach umgesetzt werden.

Zeichnet Gesichter und spiegelt diese mit einem Spiegel.

Zeichnet Formen mit Schablonen und kreiert damit ein Fantasiewesen.

Zeichnet, was euer Gegenüber sich wünscht. Wechselt anschließend die Rollen.

Legt ein Blatt Papier auf verschiedene Untergründe oder Gegenstände und reibt deren Oberflächenstruktur mit einem Farb- oder Kohlestift oder mit Kreide ab. Dies nennt man Frottage-Technik.

Zeichnet euer Lieblingsspielzeug ab.

Schafft ein gemeinsames Werk: Jemand malt ein Strichmännchen, jemand anders ergänzt Accessoires wie Kleidung oder Schmuck.

Bastelt aus einem Schuhkarton und einem Spiegel eine »Spiegelbox«. Versucht, nur mit Blick in den Spiegel etwas zu zeichnen oder euren Namen zu schreiben.

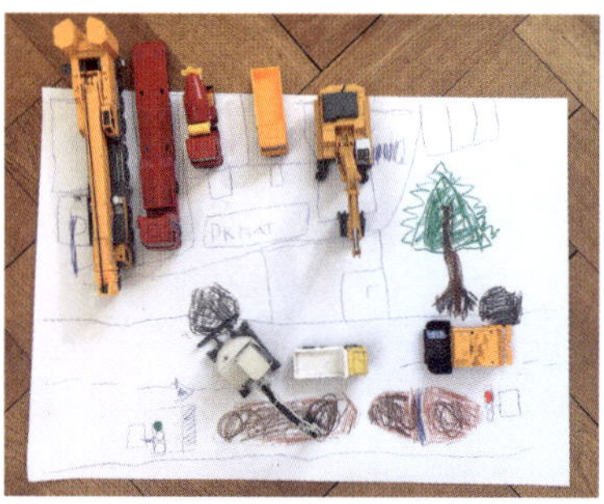

Baut eine Autostraße. Dafür braucht ihr nur Papier, Stifte, Schere und Klebeband. Damit können sich Kinder auch in einem Hotel stundenlang beschäftigen.

Übermalt in der Zeitung ein Bild mit Filzstift und seht euch auf der Rückseite das Ergebnis an.

Zeichnet in Magazine hinein.

Mit einer Einkaufstüte, einer Schere, farbigem Papier und einem Klebestift lassen sich ganz verschiedene Masken basteln.

Erfindet und gestaltet ein eigenes Spiel.

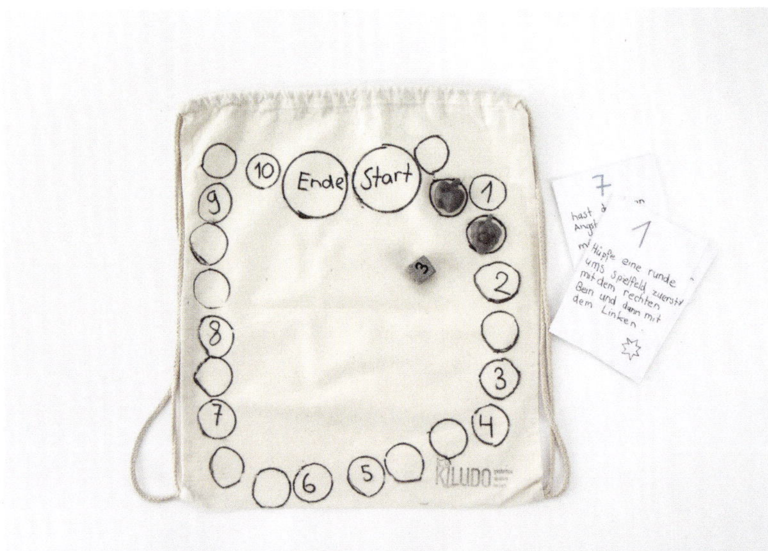

Zeichnet einen Bilderrahmen, schneidet ihn aus und sucht mit dem Rahmen spannende Bildausschnitte. Haltet diese fotografisch fest.

Schneidet Formen aus einem Verpackungskarton, macht an verschiedenen Stellen Einschnitte und steckt die einzelnen Teile ineinander. Ihr könnt die Formen zuerst auch anmalen, damit eure Fantasiegebilde schön farbig sind.

Woran sind die Kinder aktuell besonders interessiert? Welches sind ihre Lieblingsobjekte? Sucht ein Bild davon im Internet und bastelt den Gegenstand nach oder konstruiert das Objekt frei ohne Bildvorlage. Karton, Zahnstocher und Klebeband eignen sich super dafür.

Zeichnet etwas vom Computer oder Smartphone ab.

Nehmt Watte mit nach draußen und formt die Wolken nach.

Zeichnet den Schatten nach, den ein Gegenstand auf das Blatt Papier wirft.

Spielt und experimentiert mit Licht und Schatten.

Malt ein Bild mit bestimmten Einschränkungen, zum Beispiel nur mit Dreiecken und Quadraten oder nur mit einer Farbe.

Klebt mit Malerkreppband Muster auf ein Papier und malt die einzelnen Felder farbig aus. Lasst alles gut trocknen und entfernt am Schluss vorsichtig das Klebeband.

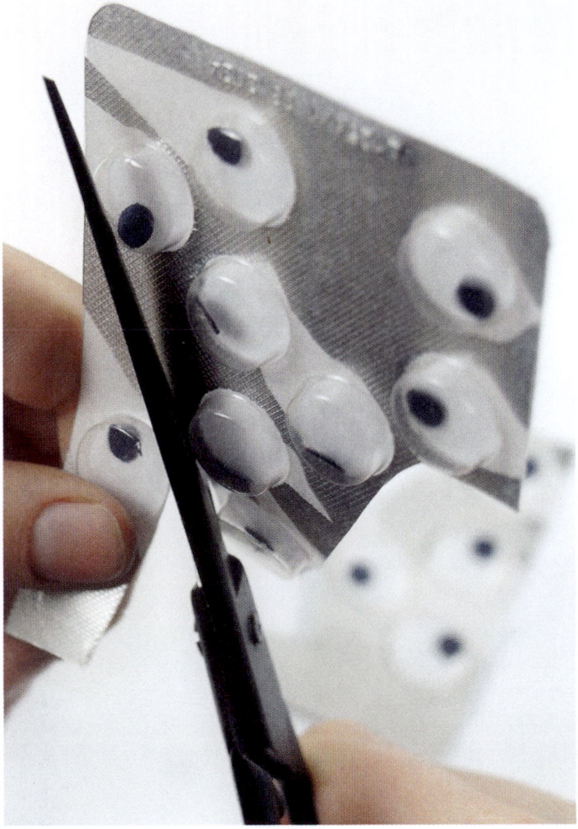

Bastelt eigene Wackelaugen aus einer leeren Blisterverpackung und ausgestanzten Papierkonfetti. Legt dazu in jede Ausbuchtung eine ausgestanzte Papierpupille. Bestreicht die Rückseite der Blisterverpackung mit Leim, klebt ein kleines Blatt Papier darauf und schneidet die einzelnen Wackelaugen vorsichtig aus.

Nehmt einen Kreis, ein Rechteck oder eine Linie als Grundlage für euer Bild. Was wird daraus entstehen?

Geht mit der Kamera auf Gesichtersuche. Das könnt ihr zu Hause, in der Natur oder auch auf Reisen machen.

Nehmt Wackelaugen mit auf einen Spaziergang und kreiert Gesichter damit.

Schneidet aus einem Blatt Papier einen Kopf mit Haaren aus und malt Gesichter darauf.

Faltet mit Papier eine Skulptur und beleuchtet sie. Was seht ihr im Schatten? Ergänzt den Schatten mit Augen, Haaren oder anderen Attributen.

MIT DEM SKIZZENBUCH UNTERWEGS

Viele Kunstschaffende haben immer ein Skizzenbuch und einen Bleistift dabei, um jederzeit ihre Ideen festhalten zu können. Das Skizzenbuch kann man überallhin mitnehmen: nach draußen, ins Museum oder auf Reisen.

Bastelt euer eigenes Skizzenbuch aus Druckerpapier und einem Karton, damit die Kinder auch im Restaurant, im Zug oder im Zoo etwas zeichnen können.

So geht's:
Stapelt alle Blätter aufeinander und markiert auf dem obersten Blatt die Mitte, indem ihr es einmal mittig faltet. Stecht mit der Ahle entlang des Falzes Löcher im Abstand von 1 cm durch alle Blätter. Näht den Stapel mit einem dünnen Faden zusammen und faltet ihn dann entlang der Naht. Schneidet einen Karton so zurecht, dass er, wie ein Buchdeckel, rundherum etwas größer ist als die Papierbögen. Knickt den Karton in der Mitte und legt den gefalteten Papierstapel zwischen die Buchdeckel. Stecht oben und unten im Falz je ein Loch durch Papier und Karton und zieht einen Wollfaden durch die Löcher. Knotet diesen im Innern des Skizzenbuches zusammen.

Wenn ihr DIN-A4-Blätter verwendet, wird das Skizzenbuch die Größe des DIN-A5-Formats haben. Für ein A4-Skizzenbuch benötigt ihr entsprechend DIN-A3-Blätter.

Schneidet die Seiten eines Hefts horizontal in drei Teile. Zeichnet im oberen Teil einen Kopf, im mittleren Teil einen Körper und im unteren Teil Beine. Wenn ihr die Körperteile von verschiedenen Seiten kombiniert, ergeben sich lustige Gestalten oder Fabelwesen.

Zeichnet in einem Heft oder eurem selbst gemachten Skizzenbuch einen Gegenstand um euch herum ab. Erraten die anderen, was es ist? Dieses Ratespiel eignet sich auch prima für Wartezeiten.

Bastelt mithilfe der Beschreibung auf Seite 136 euer eigenes Skizzenbuch.

ESSBARE KUNSTWERKE

Manchmal ist Kunst vergänglich. Das ist zum Beispiel bei essbaren Kreationen der Fall. Schnitzt aus einer Karotte oder einem Apfel ein Kunstwerk oder legt mit Früchten lustige Gesichter.

Wichtige Regel: Geht respektvoll mit den Lebensmitteln um.

Kreiert aus einer Orangenschale und einem Zahnstocher einen Seifenblasenhalter.

Schnitzt aus einer Karotte oder einem Apfel eine Skulptur und esst sie danach auf.

Baut mit rohen Spaghetti
und Ton oder Knetmasse
größere Objekte.

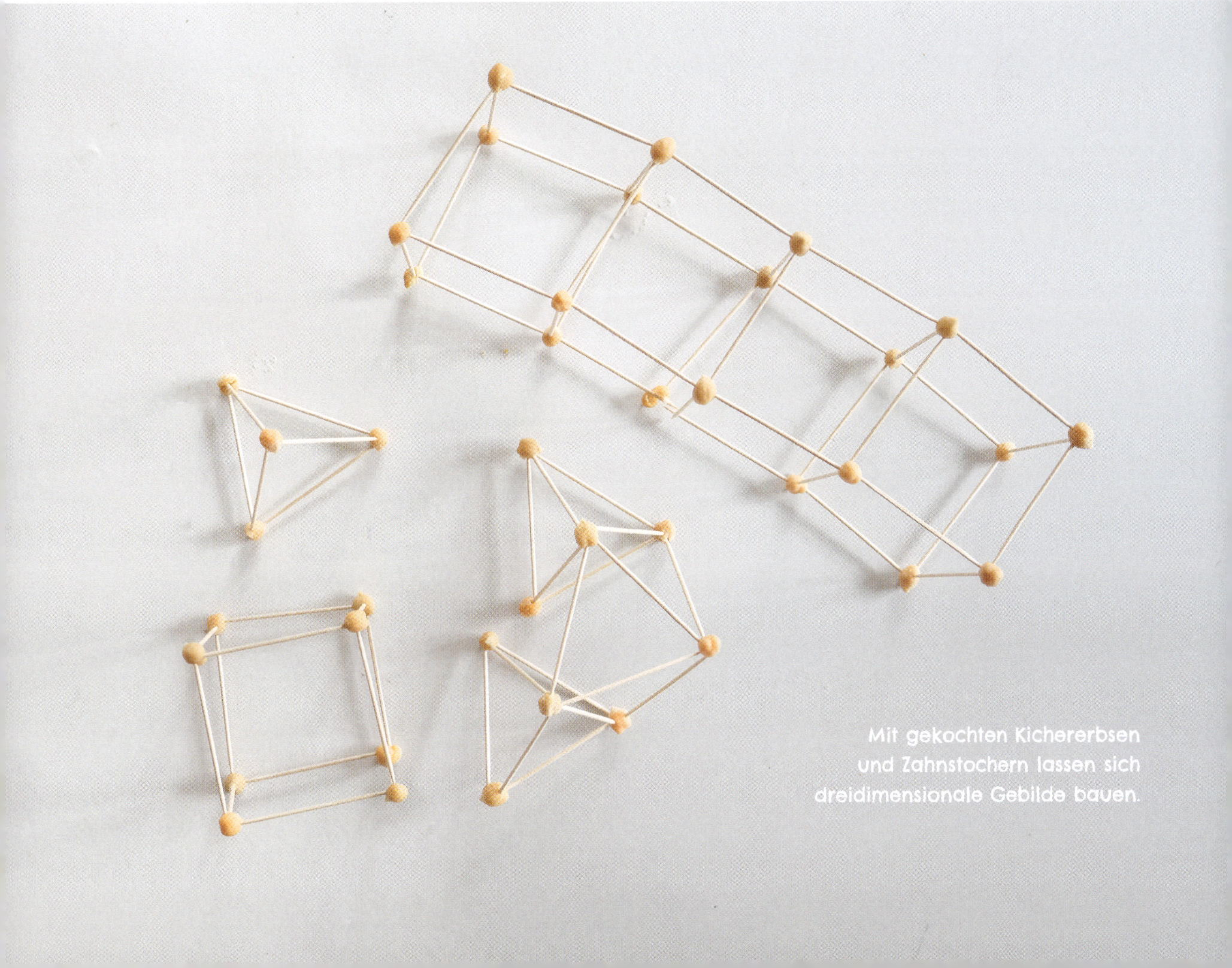

Mit gekochten Kichererbsen
und Zahnstochern lassen sich
dreidimensionale Gebilde bauen.

ARBEITEN MIT TON

Die Arbeit mit dieser weichen, kühlen Masse erdet die Kinder. Sie können damit wichtige sinnliche, feinmotorische Erfahrungen machen und ihr räumliches Denken wird stimuliert. Durch das Ertasten und Formen des Tons können die Kinder Verbindung zu ihrer inneren Fantasiewelt aufnehmen und das Denken für eine Weile ausschalten.

Vollständig getrocknete Tonarbeiten können bei hohen Temperaturen in einem Keramikbrennofen gebrannt werden, damit sie am Ende solide und wasserdicht sind. Der Brennvorgang erfordert Fachwissen. Erkundige dich, ob es in der Nähe deines Wohnortes ein Gemeinschaftszentrum, ein Geschäft für Keramikbedarf oder eine Töpferei gibt, die einen Brennservice anbieten.

Wenn ihr die Arbeiten nicht brennen möchtet, könnt ihr den Ton auch mit anderem Material kombinieren: Bestreut ihn mit Glitzerstaub, steckt Federn oder Naturmaterialien hinein oder bringt Papierflügel an. Nicht gebrannter Ton ist jedoch sehr zerbrechlich. Die Kinder haben meist noch viele eigene Ideen, womit sie ihre Skulpturen ausgestalten oder verzieren können.

Zeichnet mit einem Zahnstocher Formen in den Ton oder drückt Gegenstände hinein, um ein Muster zu erhalten.

Getrockneter Ton kann gut mit Acrylfarbe bemalt werden.

MALT UND GESTALTET PORTRÄTS

Erwachsene haben oft Hemmungen, von anderen ein Porträt zu malen.
Bei Kindern ist dies ganz anders. Motiviere sie, dich oder sich selbst abzuzeichnen oder mit verschiedenen Materialien darzustellen.

Zeichnet euch gegenseitig ab.

Zeichnet ein Porträt mit wasserfestem Filzstift auf einen Ballon.

Kreiert Porträts aus
Recyclingmaterialien.

KREATIVE ANREIZE MIT NATURMATERIALIEN

Gehe hinaus mit den Kindern und lasse sie die Schätze der Natur entdecken. Das Material, das der Wald, die Wiese oder der Strand für sie zu jeder Jahreszeit bereithalten, beflügelt ihre Fantasie und lädt sie zum werkeln, spielen und arrangieren ein.

Gestaltet die Naturfabelwesen mithilfe einer alten Brille.

Legt Fantasiewesen oder ein Mandala mit Fundstücken der Natur. Das ist auch auf Wanderungen eine kreative Abwechslung.

Hexensuppen stehen bei Kleinkindern immer hoch im Kurs. Ein Eimer und etwas Wasser reichen aus. Die Kinder finden die Zutaten selbst in der Natur.

Kreiert eigene Naturgerichte wie Moos-Muffins für euer Waldrestaurant.

Lasse den Kindern freie Hand
und gib ihnen Raum und Zeit für Experimente.
Wenn Kinder auf diese Art und Weise kochen,
machen sie oft Rollenspiele oder tauchen in Fantasiewelten ein.
Das ist immer wieder spannend und schön zu beobachten.

Malt Augen, Ohren, Nasen und Münder auf Steine und setzt damit verschiedene Gesichter zusammen.

Verziert Schneckenhäuser mit bunten Mustern.

WEITERE PRAKTISCHE IDEEN FÜR DIE KREATIVITÄTSENTWICKLUNG

- Verändert bestehende Spiele und erfindet neue Spielregeln.
- Lasse die Kinder eine Geheimsprache erfinden.
- Spielt das »Was-wäre-wenn-Spiel«:
  Was wäre, wenn es kein Smartphone gäbe?
  Wenn die Kinder nicht zur Schule gehen dürften?
  Wenn es keine Farben gäbe?
- Stellt euch gemeinsam Dinge anders vor, als sie in Wirklichkeit sind.
- Legt euch in eine Wiese und sucht nach Wolkenbildern am Himmel.
- Geht gemeinsam auf eine Entdeckungsreise.
- Gestaltet euren nächsten Spaziergang als Klangweg.
- Sucht zusammen einen neuen Heimweg, den ihr noch nie gegangen seid.
- Lauft den Weg rückwärtsgehend.
- Steigt auf einen Turm und seht euch die Welt von oben an.
- Legt euch auf den Boden und nehmt die Welt aus der Sicht eines kleinen Käfers wahr.

BASTELT EIN BUCHZEICHEN NACH ANLEITUNG

Wie auf Seite 13 erwähnt, findest du hier als Beispiel für die Arbeit mit einer Vorlage ein dekoratives Schmetterlingsbuchzeichen. Die Kinder können es mithilfe der folgenden Anleitung und der Vorlage auf Seite 149 allein oder mit dir zusammen basteln.

Das braucht ihr: Vorlage, Schere, Klebestift, Farb- oder Filzstifte

1. Kopiert die Schmetterlingsvorlage aus dem Buch auf ein Papier. Malt die Schmetterlingsflügel nach euren eigenen Vorstellungen aus. Ihr könnt den Schmetterling auch mit zusätzlichem Material wie Glitzerstaub oder Pailletten dekorieren oder ihm Fühler basteln.

2. Schneidet die Vorlage entlang der ausgezogenen Linie aus. Achtet darauf, auch den kleinen Einschnitt zwischen Papierstreifen und Flügeln zu schneiden. Die gestrichelten Linien sind Faltlinien – diese dürft ihr nicht durchtrennen.

3. Faltet den Papierstreifen entlang der Faltlinie und schiebt die beiden Schmetterlingsflügel bei den Einschnitten ineinander.

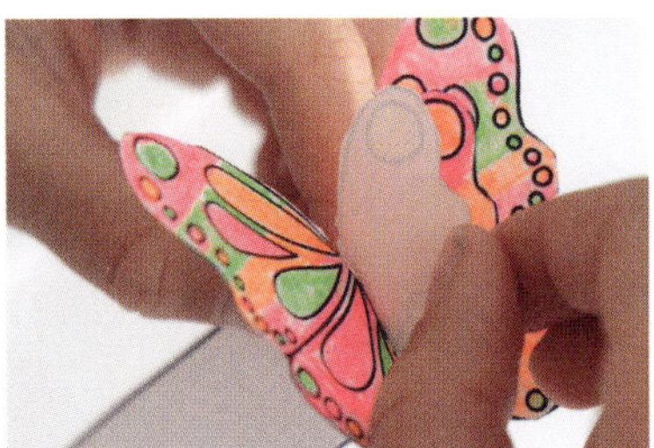

4. Faltet auch den kleinen Schmetterling in der Mitte und klebt ihn an der Faltstelle zwischen die beiden größeren Flügel.

   Als Variation könnt ihr auch vom vorgegebenen Flügelmuster abweichen und einen eigenen Schmetterling oder gar ein anderes Tier für das Buchzeichen entwerfen.

VORLAGE

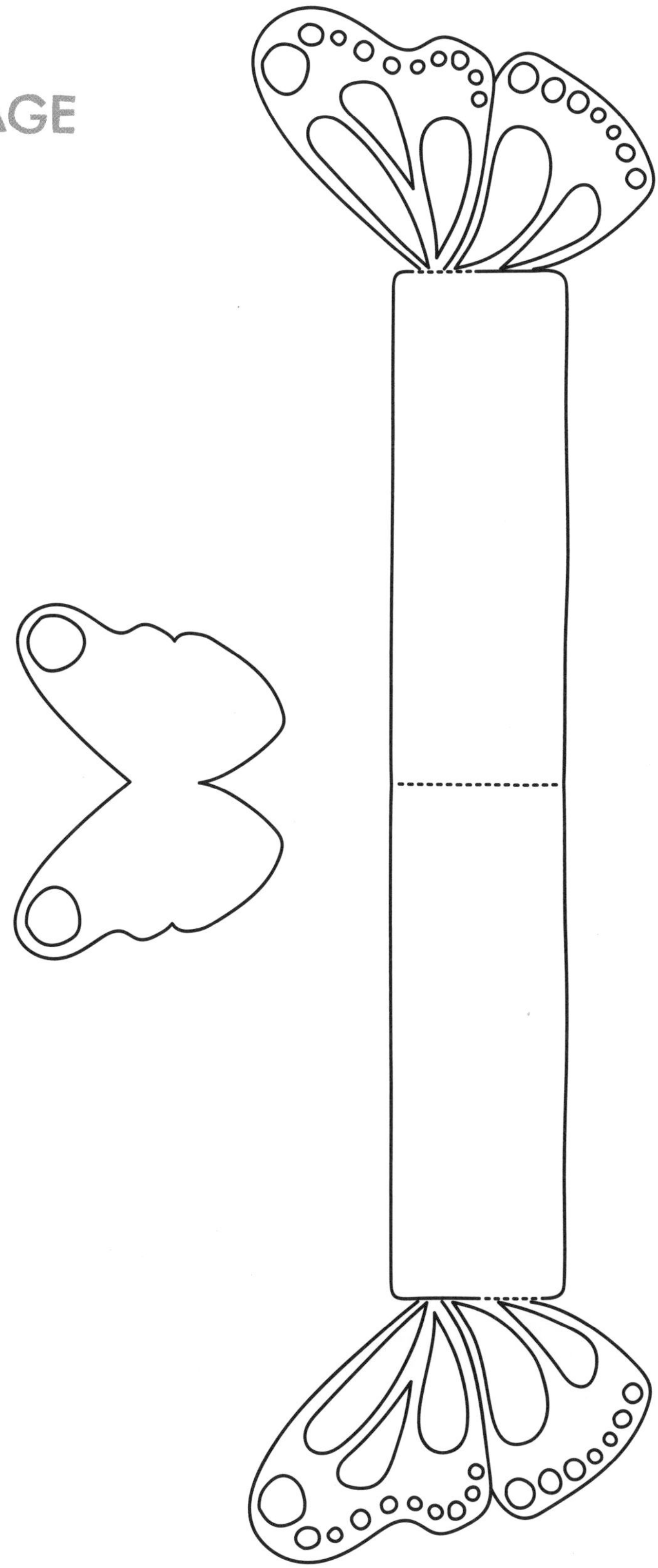

SCHLUSSWORT

Kreativität ist eine Schlüsselkompetenz fürs Leben. Sie öffnet den Kindern die Tür zu ihrer Fantasie und fördert ihre Potenziale. Wir haben dir mit vielen Tipps und Anregungen aufgezeigt, wie du die Kinder im freien Gestalten unterstützen und ermuntern kannst. Wir hoffen, dass wir dir damit den Start in den kreativen Alltag erleichtern konnten.

Auch wir durften beim Entwickeln dieses Buchs einen kreativen Prozess durchlaufen: Wir haben diskutiert, ausprobiert und wieder verworfen.
Die Arbeit – das Schreiben der Texte, die Auswahl der Bilder und Inspirationen – hat uns viel Freude bereitet. Am Anfang stand die Idee, am Ende das Buch und dazwischen eine spannende Lernreise.

Wir wünschen uns, dass du und deine Kinder, Enkel- oder Patenkinder, Nichten oder Neffen einen einfachen Zugang zu eurer Kreativität findet. Die Begleitung des kreativen Schaffensprozesses von Kindern ist anspruchsvoll und erfordert von uns Erwachsenen Zeit, Geduld und das Loslassen unserer eigenen Vorstellungen. Aber der Aufwand lohnt sich.

Viel Spaß bei der Umsetzung, und wir freuen uns auf dein Feedback.

Herzlichst,
Annette und Andrea

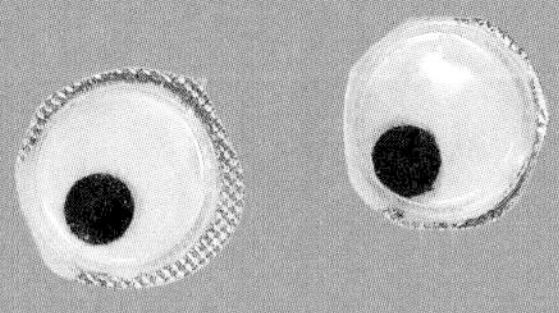

Oh, hier ist ganz viel Platz
für einen bunten Hut oder
eine prachtvolle Krone!

ANHANG

Wer wir beide sind, wem wir besonders danken möchten und von wem die vielen Bilder in diesem Buch stammen, erfährst du auf den letzten Seiten.

ANNETTE GRÖBLY

In ihrer beruflichen Laufbahn als Team- und Marketingleiterin sowie im privaten Leben erfährt Annette Gröbly täglich, wie wichtig die eigene Kreativität ist – sei es beim Erarbeiten von Konzepten und Ideen, beim Lösen von Problemen oder beim Meistern neuer Herausforderungen.

Durch ihren Sohn hat sie realisiert, dass nicht alle Kinder die notwendigen Anreize zur Entfaltung ihrer Kreativität erhalten. Annette Gröblys großes Anliegen ist, dass sich alle Kinder durch das kreative Schaffen wichtige Schlüsselkompetenzen aneignen können. Deshalb hat sie das Schweizer Kreativmagazin KILUDO gegründet, das sich an den sechs Grundpfeilern aus diesem Buch orientiert. Gemeinsam mit ihrem Team entwickelt sie Bastelideen, Magazine und Bastelboxen, die Kinder gezielt und lustvoll in ihrer Kreativität fördern.

www.kiludo.ch

KILUDO
Das Kreativmagazin für Kinder

Gründerin KILUDO Kreativmagazin
(für Kinder zwischen 3 und 10 Jahren),
Gründerin Himbeerwild GmbH
(Agentur für kind- und familiengerechtes Marketing),
Master in Marketing- und Brandmanagement,
Eventmanagerin, Webdesignerin

ANDREA SYZ

Schon als Kind hat Andrea Syz erfahren, wie beglückend eine neue kreative Entdeckung sein kann. Ihr eigenes gestalterisches Schaffen ist bis heute neben der Natur ihre wichtigste Ressource, um aufzutanken.

In ihrer Arbeit als Kindergärtnerin und als Mutter zweier Mädchen hat sie beobachtet, dass in der kreativen Arbeit wertvolle Erfahrungen gesammelt werden – beispielsweise selbstständig zu denken und eigenständige Lösungen zu finden.
Es ist Andrea Syz eine Herzensangelegenheit, in ihrem Atelier Groß und Klein die Entfaltung des kreativen Potenzials zu ermöglichen.

»Ich bin davon überzeugt, dass das freie Malen und Gestalten uns Menschen stärkt und in jeder Lebensphase Entwicklungschancen bietet.«

www.andrea-syz.ch

ATELIER ANDREA SYZ
MAL- & KUNSTATELIER, KREATIVWERKSTATT

Inhaberin Atelier Andrea Syz
(für Kinder und Erwachsene),
Mal- und Kunsttherapeutin IAC, Kindergärtnerin,
Pädagogische Beraterin KILUDO Kreativmagazin
(für Kinder zwischen 3 und 10 Jahren)

DANKE

Katja, du hast mit deinem großen grafischen Wissen ein wunderbares Buch gestaltet. Danke, dass du geduldig mit uns durch diesen kreativen Prozess gegangen bist und immer ein offenes Ohr für neue Vorschläge hattest.

Unsere Ehepartner unterstützen uns und unsere Herzensprojekte voll und ganz. Wir sind euch beiden dankbar, dass ihr unser kreatives Chaos aushaltet und wir unsere Schränke und Keller mit Bastelmaterial füllen dürfen.

Ein besonderer Dank gilt unseren Kindern. Danke, dass ihr nicht müde werdet, unsere Ideen auszutesten und weiterzuentwickeln. Euer Einfallsreichtum ist eine große Bereicherung für unseren Alltag und dieses Buch.

Was wären wir ohne unsere Mütter? Euch verdanken wir unsere Begeisterung am kreativen Schaffen. Ihr habt uns schon in unserer Kindheit inspiriert und uns gezeigt, welch wundervolle Ressource das schöpferische Gestalten ist.

An die Kinder, die all unsere Inspirationen ausprobiert und umgesetzt haben: Durch euch verlernen wir nicht, die Welt durch Kinderaugen zu sehen und immer wieder Neues zu erforschen. Danke Ava, Carlotta, Dimitri, Emil, Gina, Joël, Laura, Linnéa, Linus, Louisa, Marla, Mathieu, Nea, Niccolò, Noah, Philippa, Philippe, Sofia, Thierry, Yara, Yuna.

Danke, Ági, für deine großartige Unterstützung und Begleitung bei diesem Buch und all den anderen Projekten. Du bist eine wahre Perle.

Fabienne, deine pädagogischen Fachinputs und kreativen Einfälle sind ein wertvoller Gewinn. Wir freuen uns zu sehen, wie dein Feuer für das KILUDO Kreativmagazin glüht.

Dankbar sind wir auch allen Atelierbesuchenden: Durch euch kann Andrea jeden Tag neue Erfahrungen in prozesshaftem Arbeiten mit verschiedensten Techniken sammeln und stets dazulernen.

Zum Schluss ein Hoch auf unsere Freundinnen und Freunde: Danke für eure Teilnahme an unseren Kreativprojekten. Ein spezieller Dank geht an Sabine, Nina und Anna, die uns bei diesem Buchprojekt zur Seite standen. Ihr macht unser Leben farbig!

BILDNACHWEIS

Nora Brumm, www.foundbyheart.com: Seiten 1, 5, 6, 22, 31, 34, 38, 41, 72, 77, 86 (Hintergrundbilder von Russell Herron), 101, 150, 154, 158–159, 160

Annette Gröbly, www.kiludo.ch: Seiten 8, 11, 12, 15, 16, 21, 26, 27, 28 (in der Holzwerkstatt des Freizeitzentrums Zumikon), 30, 37, 46, 49, 50, 56, 61, 63, 64, 68, 70, 80, 89, 90, 91, 92, 93, 94 oben rechts, unten rechts, 95, 103 unten, 104, 107, 109 (im Museum Helmhaus Zürich), 110, 113, 114, 115, 116, 117, 118 oben, 119, 120, 121, 122, 123, 124, 125, 126, 127, 128 oben, 129 oben, 130, 131, 132, 133, 134, 135, 137 oben, 139 unten, 141, 142 oben links, unten, 143, 144 oben, 146 unten, 148, 152

Alex Wydler, www.alexwydler.com: Seiten 25, 58, 155

Claudia Vonchristen, www.kiludo.ch: Seiten 45, 52, 118 unten links, 128 unten, 129 unten

Fabienne Schweizer, www.kiludo.ch: Seiten 67, 138 rechts, 139 oben

Nina Binkert, www.schönegrüsse.ch: Seiten 78, 118 unten rechts

Katja Jost, www.katjajost.ch: Seiten 94 oben links, unten links, 96, 137 rechts

Silvie Breyer, www.kiludo.ch: Seiten 103 oben, 145 rechts

Andrea Syz, www.andrea-syz.ch: Seiten 137 unten, 138 links, 144 unten

Dimitri Frei: Seite 142 oben rechts

Katharina Pompilio: Seite 145 links

Meret Feissli: Seite 146 oben

2. Auflage, 2023

AT Verlag AG, Aarau und München
Lektorat: Mirella Mahlstein, AT Verlag
Gestaltung und Satz: Katja Jost | www.katjajost.ch
Bildbearbeitung: Thomas Humm, Matzingen
Druck und Bindearbeiten: Graspo CZ, a. s.
Printed in Czechia

ISBN 978-3-03902-183-3

www.at-verlag.ch

Der AT Verlag wird vom Bundesamt für Kultur für die Jahre 2021–2024 unterstützt.

Summer